新编五年制高等职业教育教材

语文练习册

第 3 版
（第 2 册）

总 主 编　华启方
本册主编　张　峰

图书在版编目(CIP)数据

语文练习册. 第 2 册 / 张峰主编. —3 版. —合肥:安徽大学出版社,2014.8(2016.8 重印)

新编五年制高等职业教育教材
ISBN 978-7-5664-0821-1

Ⅰ. ①语… Ⅱ. ①张… Ⅲ. ①大学语文课—高等职业教育—习题集 Ⅳ. ①H19-44

中国版本图书馆 CIP 数据核字(2014)第 189147 号

新编五年制高等职业教育教材语文练习册·第 2 册　　　　张　峰　主编

出版发行:	北京师范大学出版集团 安　徽　大　学　出　版　社 (安徽省合肥市肥西路 3 号 邮编 230039) www.bnupg.com.cn www.ahupress.com.cn
印　　刷:	合肥远东印务有限责任公司
经　　销:	全国新华书店
开　　本:	130mm×184mm
印　　张:	4.25
字　　数:	87 千字
版　　次:	2014 年 8 月第 3 版
印　　次:	2016 年 8 月第 2 次印刷
定　　价:	8.00 元

ISBN 978-7-5664-0821-1

策划编辑:	马晓波	装帧设计:	张同龙　李　军
责任编辑:	马晓波	美术编辑:	李　军
责任校对:	程中业	责任印制:	陈　如

版权所有　侵权必究

反盗版、侵权举报电话:0551-65106311
外埠邮购电话:0551-65107716
本书如有印装质量问题,请与印制管理部联系调换。
印制管理部电话:0551-65106311

前　　言

　　安徽省新编五年制高等职业教育教材《语文》(第三版)自2011年8月出版以来,得到了使用学校师生的好评。为了方便学生更好地巩固所学知识,也便于教师课后指导和作业的批改,我们在安徽大学出版社的主持下,配合教材编写了语文教辅配套用书《语文练习册》。

　　本套用书编写的原则是:由原参编人员针对高职学生的实际状况,以基础知识和基本技能练习题为主,思考题为辅,基本上以拼音、改错字、填空、选择、判断、文言文翻译、简答、阅读和写作等九类题型为框架,以原教材中的单元为单位进行编写。

　　《语文练习册》共分两册,由华启方任总主编,并对全套用书进行了统稿。

　　第一册由李大洲任主编。艾敏、程琦琳、王荣梅、戴建中、李大洲和吴文胜依次各编写了两个单元。

　　第二册由张峰任主编。华皖青、贾妍、汪煦、王学军、张峰和王忠依次各编写了两个单元。

　　为了方便教与学,我们还编写了各单元的参考答案,请相关老师到安徽大学出版社网站上下载。

　　下载地址:www.ahupress.com.cn

本套教辅用书在编写过程中,我们得到了安徽省教育厅职教处、各有关学校及安徽大学出版社的大力支持和帮助,在此一并致谢。

《语文》编写组

2014 年 4 月

目 录

第一单元 ………………………………………… 1

第二单元 ………………………………………… 10

第三单元 ………………………………………… 22

第四单元 ………………………………………… 33

第五单元 ………………………………………… 43

第六单元 ………………………………………… 54

第七单元 ………………………………………… 63

第八单元 ………………………………………… 72

第九单元 ………………………………………… 83

第十单元 ………………………………………… 95

第十一单元 ……………………………………… 103

第十二单元 ……………………………………… 114

第一单元

一、给下列画线的字注音(5分)

1. 和峤( )　　2. 聚敛( )　　3. 商贾( )

4. 坍圮( )　　5. 熨帖( )　　6. 手胝( )

7. 岳崎( )　　8. 剟刺( )　　9. 揣摩( )

10. 脱鞲( )

二、改正错别字(5分)

1. 幽默雅虐( )　　2. 竟相生长( )

3. 穷奢及欲( )　　4. 掩旗息鼓( )

5. 因地至宜( )　　6. 浩首穷经( )

7. 身不逢时( )　　8. 声名狼籍( )

9. 弹精竭虑( )　　10. 费话连篇( )

三、判断题(对的打"√",错的打"×",10分)

1. 冯友兰先生的《人生的境界》是一篇哲学论文。( )

2. 梁实秋先生是现代文学团体创造社的重要成员。

( )

3. "生活于道德境界的人是贤人,生活于天地境界的人是圣人"。这句话是梁漱溟先生说的。( )

4. 《新人口论》是英国经济学家马尔萨斯的著作。( )

5. "马首是瞻",喻指服从指挥或按别人的意思、动作行事。

( )

6. 方孝孺是清代著名文学家,他是康熙皇帝的老师。

( )

7. 即席发言,是一种在特定情境下事先没有准备的临场说话的口头样式。（ ）
8. 《我与地坛》一文多处运用了象征的手法,落笔地坛,却泼墨母爱。（ ）
9. 马寅初告诉笔者,建国以来的知识分子里,他最佩服的有两个,一个是季羡林,一个是梁漱溟。（ ）
10. 《指喻》是一篇富于哲理性的杂文,采用了先喻后证的笔法。（ ）

四、填空题(10分)

1. 梁实秋的《钱》是一篇写于_____成立前的_____文。作者从"钱"入手,描绘_____,揭示人性的_____与_____,反思民族的_____,富于哲理和情趣。

2. 冯友兰的《人生的境界》是一篇哲学论文。哲学论文的特点是具有高度的_____和_____,阐明_____的规律。作者把人生境界划分为四个等级,即_____、_____、_____和_____。

3. 任何一篇优秀的文章都是来源于_____的,生活给了我们最好的_____。阅读是人获得知识的_____途径。

4. 即席发言的方法主要有四种:①_____ ②_____ ③_____ ④_____。

五、选择题(每题2分,共计18分,其中第6题4分)

1. 下面四句话中,哪一句说得不全面（ ）
A. 俗也好,雅也好,事在人为,钱无雅俗可辨。
B. 钱,要花出去,才发生作用。
C. "人无横财不富,马非夜草不肥"。
D. 至于豪富之家,挥金如土,未必是福,穷奢极欲,乐极生悲。

2.下列作家中不属于现代作家的是 （ ）
A.史铁生 B.卞毓方
C.冯友兰 D.方孝孺

3."蜂儿如一朵小雾稳稳地停在半空;蚂蚁摇头晃脑捋着触须,猛然间想透了什么,转身疾行而去;瓢虫爬得不耐烦了,累了祈祷一回便支开翅膀,忽悠一着升空了;树干上留着一只蝉蜕,寂寞如一间空屋;露水在草叶上滚动,聚集,压弯了草叶轰然坠地摔开万道金光。"这段文字没有运用的修辞方法是 （ ）
A.夸张 B.比喻
C.排比 D.拟人

4.梁漱溟少时体弱多病,壮年又历经坎坷。但他活了96岁,下列不是他长寿原因的一项是 （ ）
A.平和淡泊的心态 B.少吃多动的健身之道
C.忍辱负重的品格 D.超然物外的胸襟

5.下列成语中有错字的是 （ ）
A.危言耸听 B.推心至腹
C.左右逢源 D.左支右绌

6.下列四个词语中画线的字都有几种不同的解释,选出正确的一种。
(1)不遗余力 （ ）
A.漏掉 B.剩下
C.丢失 D.赠送
(2)将信将疑
A.将要 B.拿
C.带领 D.且

(3)大相径庭
A. 直 　　　　　　　B. 比喻达到目的的方法
C. 经过　　　　　　D. 门外的路
(4)咸与维新
A. 交往　　　　　　B. 赞许
C. 参加　　　　　　D. 给

7. 下列画线的字意义相同的一组是　　　　　(　)
A. 应运而生　运筹帷幄　远洋运输　日月运行
B. 富有遐想　遐迩闻名　闭目遐思　扬名遐方
C. 勇于开拓　拓宽道路　拓荒者　　拓片
D. 发愤学习　激于义愤　愤世嫉俗　愤然离去

8. 下列句子中成语使用正确的一项是　　　　(　)
A. 我和他同窗六年,一直是相敬如宾,从来没因琐事争吵过。
B. 这本书的印刷质量太差,弄得我手足无措。
C. 政府是依法谋求和维护社会正义的,舍此而役使群众,为少数人谋私利,或越俎代庖管些不该管的事,那就是不务正业乃至擅权乱法。
D. 新兴商场才开张,鸿运百货大厦又敲响了锣鼓,两家商店形成了鼎足之势。

六、词句填空(6分)

1. 宁为玉碎,_____。
2. _____,不默而生。
3. 真理在胸笔在手,_____。
4. 积财万千,不如_____。
5. _____,鸟为食亡。
6. 大江静犹浪,_____。

七、文言文翻译(10分)

1.天下之事,常发于至微,而终为大患。

2.昔之天下,有如君之盛壮无疾者乎?

3.幸其未发,以为无虞而不知畏,此真可谓智也与哉?

4.此疾之奇者,虽病在指,其实一身病也,不速治,且能伤生。

5.君诚有位于时,则宜以拇病为戒。

八、简答题(16分)

1.结合《我与地坛》一文的具体内容,谈谈其主要的修辞手法是什么。

2.《思想者的第三种造型》是写百岁老人马寅初的。你觉得马老身上有哪些优秀品格值得学习,他的一生的经历对你有什么启发。

九、阅读下面的材料,写一篇议论文(20分)

牵牛花是缠绕茎草本花,夏季长成即攀附在篱笆和支架上,为人们送来一道绿色的瀑布;花开季节,紫的、红的,映着霞光,如同绿色缎中的彩色宝石。对牵牛花,有人赞美,有人贬斥,你的态度和看法呢?

(1)联系社会实际发表看法,可从不同角度确立中心。

(2)题目自拟,不得少于500字。

第二单元

一、根据拼音写汉字(5分)

1. 旦日 xiǎng(　　)士卒
2. 臣与将军 lù(　　)力而攻秦
3. 赐之 zhì(　　)肩
4. 按剑而 jì(　　)
5. 婿固不遣,huì(　　)而 yù(　　)女
6. 草 jù(　　),背筐,手长 chán(　　)
7. 史公以凤庐道奉 xí(　　)守御
8. 获此奇秘,如 yǎn(　　)得醒

二、改正错别字(5分)

1. 秋豪无犯(　　)　　2. 奉厄酒为寿(　　)
3. 公缕促之,比如约(　　)　4. 国家之事靡烂如此(　　)
5. 史禁不敢发声(　　)　6. 介胄之士,膝语蛇行(　　)
7. 气韵迤逸,物无遁情(　　)　8. 狂疾不已,遂为图囿(　　)
9. 报国血耻(　　)　　10. 无与轮比(　　)

三、判断题(对的打"√",错的打"×",10分)

1. 《鸿门宴》节选自司马光所主编的《史记》,《史记》是我国第一部纪传体通史。　　　　　　　　　　　　　(　　)
2. 方苞是清代桐城人,他和左光斗是同乡。　　(　　)
3. 史可法是明末著名的爱国将领,他是左光斗的老师。(　　)
4. 袁宏道是明末湖北公安人,他与兄宗道、弟中道,并称"公安三袁"。　　　　　　　　　　　　　　　(　　)

5.徐文长是晚明一位多才多艺的作家,在诗文、戏曲和书画等方面都有较高成就。（　　）
6.徐文长的弟弟叫徐渭,号青藤道士,也擅长诗文、书画。（　　）
7.书法理论中有"永字八法"之说。（　　）
8.谭嗣同和康有为、梁启超等人都是"戊戌六君子"。（　　）
9.《饮冰室合集》共148卷,作者是梁启超。（　　）
10.听话能力是与生俱来的,与一个人的文化修养没有多大关系。（　　）

四、填空题(10分)

1.《鸿门宴》记叙了_____农民起义的一个片段,它以____为序,以鸿门宴为中心事件,生动地展现了_____、_____两大军事集团明争暗斗、剑拔弩张的斗争事实。

2.刘邦的性格特点是_____,_____,_____,_____。项羽的性格特点是_____,_____,_____,又带些直率。

3.《记王忠肃公翱事》取材于_____的两件小事,表现了他_____的优秀品质。

4.方苞是"桐城派"的创始人,清代著名_____家,他与_____、_____合称"桐城三祖"。

5.徐文长的"三奇"即"_____奇异"、"_____奇怪"、"_____奇特"。

五、选择题(16分)

1.下列注释有误的一组是（　　）

A.沛公:刘邦,起兵于沛(今江苏沛县),号称"沛公"。

兄事之:用对待兄长的礼节侍奉他。

项庄:项羽的堂弟。
B.畿辅:旧称京城周围一带。
若翁廉:假如老人廉洁。
特示故人意耳:只表示老朋友的心意罢了。
C.先君子:尊称已死的父亲。
面署第一:当面书写,定为第一名。
构陷:编造罪名来陷害。
D.膝语蛇行:跪着说话,像蛇一样匍匐而行。
虽然:虽然如此。
清君侧:肃清君主周围的坏人(指肃清慈禧的党羽)。

2.下列不属于"戊戌六君子"的是　　　　　　　　　（　　）
A.谭嗣同　　　B.林旭　　　C.杨锐　　　D.杨深秀
E.刘光第　　　F.康有为

3.下列说法有误的一项是　　　　　　　　　　　　（　　）
A.梁启超和谭嗣同都是戊戌变法的主要人物。
B.《左忠毅公逸事》一文,记叙了明代忠臣左光斗的逸事,表现了他求贤若渴的高尚情操和坚贞不屈的爱国气节。
C."项庄舞剑,意在沛公"已成为成语,一直沿用至今。
D.《左忠毅公逸事》一文直接写左光斗的只有两件事,另外两件事是写史可法的,显得文章笔力不够集中。

4.下列没有通假字的一项是　　　　　　　　　　　（　　）
A.文长喜作书,笔意奔放如其诗,苍劲中姿媚跃出。
B.而傅以善药。
C.因击沛公于坐,杀之。
D.然后皇上与康先生之意始少通。

5.下列句子中画线的字解释有误的一项是　　　　　（　　）
A.为掩户(户:门)

B.汝复轻身而昧大义(轻:轻视)
C.则席地倚墙而坐(席:席子)
D.涕泣谋于禁卒(谋:商量)

6.下面每个句子的一组判断,有一个是正确的,请选择出来。

(1)"吾诸儿碌碌,他日继吾志事,惟此生耳。"这句话的意思是 （　　）

A.左光斗的儿子们都很忙,以后帮他做事的只有史可法了。

B.左光斗的儿子们都很忙,以后能继承他的事业和志向的人只有史可法了。

C.左光斗的儿子们都很平庸,以后能继承他的事业和志向的人只有史可法了。

(2)"史朝夕狱门外"这句话的意思是 （　　）

A.史可法经常徘徊在监狱门外。

B.史可法早晨和晚上去监狱。

C.史可法一天到晚守在监狱门外。

(3)"吾师肺肝,皆铁石所铸造也。"这句话意谓左光斗

（　　）

A.毫无情义。

B.不因个人感情影响大局

C.坚强不屈

7.下列各句中不是判断句的一项是 （　　）

A.楚左尹项伯者,项羽季父也。

B.人为刀俎,我为鱼肉。

C.若属皆且为所虏。

D.此天子气也。

8.下列各句中省略的成分,与其他三项不同的一项是

               (　　)

 A.叩之寺僧   B.为掩户

 C.召入,使拜夫人 D.公瞿然注视

六、诗文名句填空(5分)

1. _____,无韵之离骚。
2. _____,意在沛公。
3. 我自横刀向天笑,_____。
4. 如今人方为刀俎,_____。
5. 文长援笔立成,竟满其纸,_____,_____,一座大惊。

七、文言文翻译(10分)

1. 乃伪屋券,列贾五百金,告公。

2. 公辨其声,而目不可开,乃奋臂以指拨眦,目光如炬。

3. 是时公督数边兵,威振东南,介胄之士,膝语蛇行,不敢举头。

4. 不有行者,无以图将来;不有死者,无以酬圣主。

5.鲰生说我曰:"距关,毋纳诸侯,秦地可尽王也。"故听之。

八、简答题(10分)

1.请从《鸿门宴》一文中,找出描写樊哙的语言、动作和神态的语句,谈谈表现了樊哙什么样的性格特征。

2.《谭嗣同》一文中的袁世凯口蜜腹剑、阴险奸诈,请从文中找出有关语句来加以分析。

九、作文题(29分,其中第1题10分,第2题19分)

1. 下面节选的是《徐文长》中的一段文字:

　　一日,饮其乡大夫家。乡大夫指筵上一小物求赋,阴令童仆续纸丈余进,欲以苦之。文长援笔立成,竟满其纸,气韵遒逸,物无遁情,一座大惊。

　　请你根据材料写一篇200字左右的短文,谈谈你的感受。

2.下面的材料节选自《孔子家语·六本》,请你阅读后,联系实际,自拟题目,写一篇不少于500字的议论文。

与善人居,如入芝兰之室,久而不闻其香;与不善人居,如入鲍鱼之肆,久而不闻其臭。亦与之化矣。丹之所藏者赤,漆之所藏者黑,所以君子必慎其所居。

第三单元

一、给下列画线的字注音(5分)

1. 屹立(　　)　　2. 桥墩(　　)　　3. 着陆(　　)
4. 翱翔(　　)　　5. 瞥见(　　)　　6. 扉页(　　)
7. 惰性(　　)　　8. 守恒(　　)　　9. 龟裂(　　)
10. 飞骑(　　)

二、改正错别字(5分)

1. 瞬夕万变(　　)　　2. 重车疾弛(　　)
3. 明查秋毫(　　)　　4. 别据一格(　　)
5. 融为一炉(　　)　　6. 大力推祟(　　)
7. 名符其实(　　)　　8. 射出萤光(　　)
9. 日淡荔枝(　　)　　10. 浆液干酸(　　)

三、判断题(对的打"√",错误的打"×",10分)

1. 茅以升是我国著名的桥梁工程专家。　　　　　　　　(　　)
2. "信如尾生,与女子期于梁下,女子不来,水至不去,抱柱而死。"其中的"尾生"是指传说中违背约定的人。(　　)
3. 仿生学是在生物科学与技术科学之间发展起来的,它的任务是用生物体结构与功能的原理,去改善现有的或创造新型的机械系统、仪器设备、建筑结构和工艺过程。(　　)
4. 人眼和各种动物的眼睛,构造是基本相同的。　　　　(　　)
5.《从人脑看科学与艺术》的作者认为,既要学好自然科学知识,又要具备艺术审美气质,才能做一个完善健全的人。
　　　　　　　　　　　　　　　　　　　　　　　　　(　　)

6. 女性的"思维错位症"较男性多。　　　　(　　)
7. 人们在实验室里,可以获得"绝对零度"的超低温。
　　　　　　　　　　　　　　　　　　(　　)
8. 在零下100摄氏度,空气可以变成浅蓝色的液体。
　　　　　　　　　　　　　　　　　　(　　)
9. "飞焰欲横天""红云几万重"出自北宋邓肃《看荔枝》。
　　　　　　　　　　　　　　　　　　(　　)
10. 荔枝真正的果肉是连同果壳一起的那一层膜。(　　)

四、填空题(4分)

1. 《眼睛与仿生学》的说明顺序是:由_____到_____,由_____到_____。

2. 写说明文必须实事求是,对所说明的内容作准确的介绍。在视觉仿生学的研究中,哪些已经取得了成果,哪些即将取得成果,哪些有可能取得成果,文章针对不同情况,有区别地加以说明,在用词上十分注意掌握分寸。按不同情况,在下列句中分别填入"如能研制出"、"已投入使用的"、"不断改进这种"、"制成了"。

① 根据蛙眼的视觉原理,借助于电子技术,人们_____多种"电子蛙眼"。

② _____具有鹰眼视觉原理的"电子鹰眼",就有可能用于控制远程激光制导武器的发射。

③ 国外_____一种人造卫星跟踪雷达系统中,也是模仿蛙眼视觉原理的。

④ _____电子蛙眼,并把它用到雷达系统中,就可以准确地把预定要搜索的目标同其他物体分开。

五、选择题(16分)

1. 选出对①②③处标点的使用判断正确的一项 (　　)

眼睛的基本功能是感受光的刺激①识别图像②从外界景物来的光线,通过眼的光学系统投射到视网膜的感觉细胞上③感觉细胞把光的刺激转换成一种电信号……

A.：，　　　B.——，　　　C.。。

2.指出下列各句排列顺序恰当的一组　　　　（　）

①我们用显微镜观察,会惊异地看到,蜻蜓的一只大眼睛竟是由两万只表面呈六角形的"小眼"紧密排列组合而成的。

②虾、蟹、蜂、蚊、蝇等节肢动物的眼睛都是复眼。

③这类由几十至几万个独立小眼构成的眼睛,叫做"复眼"。

④复眼构造的精巧、功能的奇异,在某些方面为人眼所不及。

⑤每只小眼都自成体系,有自己的光学系统和感觉细胞,都能看东西。

⑥因此,复眼已成为人们极感兴趣的研究对象,给了人们种种有益的启示。

A.②⑤③①④⑥　　　B.①⑤③②④⑥
C.④⑤②①③⑥　　　D.②①③⑤④⑥

3.依次填入下列句子横线处的词语,最恰当的一项是（　）

①然而,_____人们在实验室里获得了比海王星上更低的温度,却一直无法获得零下三四百摄氏度的低温。

②_____采用这种办法锻炼种子,许多果树和庄稼的耐寒本领大大增强。

③坐着宇宙飞船到那么遥远的星球上去_____,人的生命是不够用的。

④用冷刀开刀,可起麻醉、止血作用,能够_____病人的

痛苦。

A. 虽然　由于　考查　减轻
B. 尽管　因为　考查　减少
C. 虽然　因为　考察　减少
D. 尽管　由于　考察　减轻

4. 选出下列两组中解释词义错误的一项。

①不了了之　　　　　　　　　　　　（　　）

A. 用不了结的办法去了结事情。
B. 对该解决的事情不过问,拖延敷衍过去就算完了。
C. 该办的事没有办,该解决的事没解决,放在一边不去管,就算完事了。
D. 该办的事还没办,该解决的事还没解决,特指对工作拖延敷衍的现象。

②因地制宜　　　　　　　　　　　　（　　）

A. 根据地理位置的不同制定适当的措施。
B. 根据当地的具体情况制定适当的措施。
C. 根据当地的具体情况规定适宜的办法。
D. 根据不同地区的具体情况规定适宜的办法。

5. 选出下列表达有误的一项　　　　　（　　）

A. "南州六月荔枝丹"这个题目是从明朝陈辉《荔枝》诗中借来的句子。
B. "日啖荔枝三百颗,不妨长作岭南人"是引用苏东坡的两句诗,文章借此说明应发展荔枝生产以满足广大人民的需要。
C. "飞焰欲横天"出自北宋邓肃《看荔枝》诗,"横天",横布于天边。
D. 白居易说:"一日而变色,二日而变香,三日而变味,四五日外,色香味尽去矣。"说明荔枝不耐贮藏。

6.根据下面的对话情境,回答问题。

某学校长期采用电铃声作为上下课的信号。有位学生特意给校长发了一封电子邮件,建议改变铃声模式。同学们对此议论纷纷:

甲学生:我觉得用不着改变。铃声不就是一种信号嘛,听得清楚就行了。

乙学生:老弟,你的耳朵也太缺乏美感了!(众学生善意地笑)优美的铃声可以美化校园文化环境。电铃声单调刺耳,是该换换了。

丙学生:说得好!我觉得校园钟声挺有魅力的。学校后山钟亭里就有一口大铜钟闲置着,我们为什么不建议校长聘请专人来敲钟呢?

丁学生:好是好,可太费事了。我觉得可以用播放"温馨提示语"来代替电铃声,例如"同学们,请做好课前准备,快上课了"。

甲学生:这种方式有点拖泥带水,还不如电铃声干脆利落呢!

乙学生:我也有个主意!建议校长用优美的歌曲来做铃声。比如《鼓浪屿之波》就挺好听,(哼唱)"鼓浪屿四周海茫茫……"温馨、高雅,多棒啊!

① 同学们议论的话题是什么? ( )
A.优美音乐 B.校园铃声 C.后山钟亭

②乙学生说"你的耳朵也太缺乏美感了!",其言外之意是什么? ( )

A.甲学生不关注校园铃声是否有美感。

B.甲学生的耳朵形状长得不太好看。

C.甲学生的听力有些迟钝,不够灵敏。

7.下面是一副对联,依次填入下面横线上的成语正确的一项是 (　　)

上联:踏星云揽日月惊外星人＿＿＿＿＿天宫一鸣惊人

下联:望天宫窥三杰听地球人＿＿＿＿＿星际再掀风云

A. 大惊小怪　异口同声

B. 哑口无言　欢天喜地

C. 瞠目结舌　欢呼雀跃

D. 措手不及　高谈阔论

8.某小组开展主题为"话说千古风流人物"的综合性学习活动,四个成员分别研究下列人物:A.老子,B.孔子,C.郑成功,D.施琅。请完成下面的题目:

一个同学找到下列两副对联,请在括号内帮他填上相关人物。

①气备四时,与天地日月鬼神合其德;

　教垂万世,继尧舜禹汤文武人之师。　(　　)

②由秀才封王,为天下读书人别开生面;

　驱异族出境,语中国有志者再鼓雄风。　(　　)

六、语句填空(18分)

1.我们的老师指导大家写作时,常常引用宋代著名诗人苏轼的《题西林壁》中的两句诗,"＿＿＿＿＿,＿＿＿＿＿＿＿＿",强调习作是心灵的放飞,是情感的释放,写法要不拘一格,语言要有自己的个性。

2.中秋佳节,皓月当空。那一轮黄灿灿的月晕衬托着,月光如透明的薄纱,朦朦胧胧地罩在大地上,清风拂面,不由撩动我思乡的情怀:离别故土几载,家乡的亲人可好!酸楚的我不禁潸然泪下,"＿＿＿＿＿,

_____"。亲人啊,可知道海外游子的心!

3. 到了瀑布脚下,捧着清澈的泉水,舒服极了。昂首仰望,瀑布倾泻而下,泼洒飞流,撞击在岩石的棱角上溅起朵朵美丽的玉花。望着这美丽的瀑布,我不禁想起"_____
____,_____"这句诗来。眼前这瀑布里没诗中那瀑布的壮景,却也有"飞落数来崖,碎玉叹飞花"的奇观。

4. 梅,自古以来就倍受人们的称赞。要说古人赞颂梅的诗句,就更是数不胜数了。"_____,_____"便是一个例子。梅独自傲立于风雪中的顽强精神,确实令人感慨万千。

5. 昨天下午,张老师布置了一道数学思考题。晚上,我绞尽脑汁,百思不得其解,就在我"_____"时,爸爸走了过来,助我一臂之力,经他一点拨,我豁然开朗,真是"_____",于是迅速地解开了这道难题。

6. 中秋佳节,手捧着香喷喷的月饼,凝神遥望着皎洁的月亮,情不自禁地想起了在长沙的表弟,心里默念着:"_____
_____"。

7. 龚敏明天就要随爸爸转到另一个城市去读书了,小强在送她的时候拍拍她的肩膀说"_____,
_____"。

8. 教育人要积极向上,好上加好:"_____,____
_____"。

9. 酒泉卫星发射中心位于大漠戈壁深处,高高矗立的发射塔架以及炊烟、夕阳构成了一道壮美的风景。此时,我们会不自觉地吟诵起唐代诗人王维的诗句:"_____,
_____。也更让我们深刻地感受到航

天人在艰苦的环境里甘于寂寞、默默奉献的精神。

七、简答题(12分)

1. 仔细观察右面的漫画,请你用简洁而形象的话语描述画面内容,别忘了给漫画取一个好听的名字哟!

我的命名:_____

描述画面:_____

_____

_____ (50字以内)

2. 课文《奇妙的超低温世界》是以什么顺序把这个奇妙的世界说明清楚的?说明的核心问题是什么?

八、写作题(20分)

查阅资料,仿照《南州六月荔枝丹》,写一篇水果类的说明文,如《柑橘自述》。

第四单元

一、给下列画线的字注音(5分)

1. 脍炙人口(　　)(　　)　　2. 鸳鸯(　　)(　　)
3. 一幢(　　)　　4. 夯土台(　　)　　5. 蓟县(　　)
6. 宅第(　　)　　7. 小憩(　　)　　8. 酒肆(　　)

二、改正错别字(10分)

1. 金壁辉煌(　　)　　2. 正经危坐(　　)
3. 景物朦泷(　　)　　4. 冷风嗖嗖(　　)
5. 委顿衰老(　　)　　6. 班驳脱落(　　)
7. 良莠参杂(　　)　　8. 香味肆溢(　　)
9. 严正瑰丽(　　)　　10. 轻盈舒朗(　　)

三、判断题(对的打"√",错的打"×",6分)

阅读下面的文字,联系《画里阴晴》一文,指出下面的判断是正确还是错误。

"孤松矮屋老夫家",古代房矮,那高高的孤松,有风骨,有曲直之美,构成了画境。今日的大城市,难觅孤松矮屋之家,老夫们也都住入了高楼,要赏孤松,必须下楼,高楼矮松住宅区,着实委屈了高傲的松。驱车过闹市,偶见杂树成丛,那是最美最美的城市风景了。在石林似的新建筑群中被保留住的老树,即便瘦骨嶙峋,那前昂后俯,曲曲弯弯的体态,展现了曲线之魅力,真是城中珍异。直线统治的城市呼唤曲线,美丽的人生曲线!

1.《画里阴晴》表现了作者对于阴雨情有独钟,本段文字表

现了作者对松树情有独钟。　　　　　　　　　（　　）

2.《画里阴晴》表现作者对阴雨情有独钟,是因为阴雨的画面有着极其深刻的意境。而本段文字是通过对"高楼矮松"的慨叹,表现作者对多样性生活的追求。（　　）

3.《画里阴晴》和本段文字都采用了对照的手法。《画》文中的作者与中西画家,本段文字中的"孤松矮屋"与"高楼矮松"、直线与曲线,对比之中都透出了作者独特的审美情趣。　　　　　　　　　　　　　　　　　　（　　）

4.《画里阴晴》和本段文字的不同是,《画》文写出了作者的独特的审美情趣,而本段文字不仅表现了作者独特的审美情趣,同时也表现了作者对现实的不满——老夫赏松须下楼、高楼委屈了高傲的孤松、古林似的建筑群中被保留的老树瘦骨嶙峋。　　　　　　　　　　（　　）

5.本段文字作者是在抒发一种追求——对美的追求——现代化都市不仅应有直线,还要有曲线。（　　）

6.对于曲线的理解是由松而发的,宽敞的大道、高耸的建筑都是以直线为主的,生活不能只有这些直线,还应该有曲线,人们的生活应该多几道曲线。　　　　　　　　（　　）

四、填空题(5分)

(1)《音乐就在你心中》出自_____,作者是_____。

(2)本文的作者与何占豪共同创作了小提琴协奏曲_____。

(3)文中提到的三种不同的音乐是:_____,_____,_____。

(4)文章从"_____""_____""_____"三个角度介绍了音乐艺术的境界。

五、指出下列句子使用的说明方法和修辞格(11分)

1.指出下列各句所用的说明方法。

(1)堂常常是对居住建筑群中正房的称呼。（   ）

(2)这个亭名据说寓意是"一亭宜作两家春"。（   ）

(3)轩是古典园林中观赏性的小建筑,也是起点景作用的,但在轩中往往陈放简单家具,供人们饮茶、下棋、鉴赏书画使用,这是和亭不同的地方。轩可以露在水边,也可以隐于半山,建筑布局较为自由,风格也多轻盈疏朗。（   ）

(4)也有些建筑则由于文人士大夫随意题名,把厅、堂类型的建筑称为轩、馆,如苏州留园的"五峰仙馆""林泉耆硕馆",怡园的"藕香榭",网师园的"小山丛桂轩"等,实际上都属厅一类的建筑。（   ）

2.指出下列句子的修辞格。

(1)音乐是一个缤纷多彩的音响万花筒。（   ）

(2)音乐,它可以像雷电一样,一闪间劈开你的心扉,让你颤抖,让你翻腾,让你的心苞绽开朵朵鲜花。（   ）

(3)意大利现代诗人翁加雷蒂有一句有名的短诗:"我用无垠/把我照亮。"（   ）

(4)当千百万青年如痴如狂地迷醉在杰克逊的歌声中时,莫扎特、贝多芬的交响乐却像空气、水流那样,轻轻地渗进了商店、办公室和人们的心中,显示出它们无限的生命力。
（   ）

(5)我们既可走近崇高,"抛弃一切烦恼的思绪,得到一份超脱与来自内心深处的协和"(《仰视音乐》);又可以随着克莱德曼的演奏《飘》的琴声,"飘到郝思嘉的身旁"(胡欣华:《美妙的享受》),得到一种美妙的享受。（   ）

(6)纽约就是这样一个音乐万花筒。当衣着讲究、正襟危坐的听众在金碧辉煌的大都会歌剧院欣赏普契尼的正歌剧时,雀跃的人流也正涌进百老汇的歌剧院里为那些新上演的轻歌剧喝彩…… （ ）

六、写出下列诗句或典故的出处和作者(6分)

1. 斜风细雨不须归　　出处:_____　作者:_____
2. 鱼和熊掌　　　　　出处:_____　作者:_____
3. 默看细雨湿桃花　　出处:_____　作者:_____

七、阅读材料后回答问题(27分)

牡丹的拒绝(有删改)
张抗抗

牡丹绚丽娇艳,雍容华贵。这是早被世人所确定、所公认了的美,不惧怕争议和挑战。

有多少人没有欣赏过牡丹呢?但仰慕者、好奇者,却偏偏要翻山涉水,从天南海北不约而同地涌进洛阳城。这风习由来已久,欧阳修曾有诗云:洛阳地脉花最重,牡丹尤为天下奇。

传说中的牡丹,是被武则天一怒之下逐出京城,贬去洛阳的,却不料洛阳的水土最亲合,传奇的身世与最美的容颜使洛阳牡丹名躁天下。于是洛阳人种牡丹蔚然成风,渐盛于唐,极盛于宋;绝佳品种,独出此地。每年阳历四月中旬春色融融的日子,街巷园林千株万株牡丹竞放,花团锦簇香云缭绕——好一座五彩缤纷的牡丹城。所以看牡丹是一定要到洛阳的,没有看过洛阳的牡丹就不算看过牡丹。

这一年已是洛阳的第九届"牡丹节"。这一年的春却来得迟迟,连日浓云阴雨,四月的洛阳城冷风飕飕。街上挤满了从很远很远的地方赶来的看花人。看花人踩着年年应准的花期而至。明明是梧桐发叶,柳枝滴翠,桃花梨花姹紫嫣红,海棠更已落英缤纷——可洛阳人说春尚不曾到来;看花人说,牡丹城好安静。枝繁叶茂的满园绿色,却仅有零零落落的几处浅红、几点粉白。一丛丛半人高的牡丹植株之上,昂然挺起千头万头硕大饱满的牡丹花苞,个个形同仙桃,却是朱唇紧闭,洁齿轻咬,薄薄的花瓣层层相裹,透出一副傲慢的冷色,绝无开花的意思。偌大的一个牡丹王国,竟然是一片黯淡萧瑟的灰绿……一丝苍白的阳光伸出手竭力抚弄着它,它却木然呆立,无动于衷。

于是看花人说这个洛阳牡丹真是徒有虚名;于是洛阳人摇头说其实洛阳牡丹从未如今年这样失约,这个春实在太冷,寒流接着寒流怎么能怪牡丹?当年武则天皇帝令百花连夜速发以待她明朝游玩上苑,百花慑于皇威纷纷开放,惟独牡丹不从,宁可发配洛阳。如今怎么就能让牡丹轻易改了性子?

牡丹为自己营造了神秘与完美——恰恰在没有牡丹的日子里,你探访了窥视了牡丹的个性。

曾经目睹了一次牡丹的落花,相信所有的人都会为之感动:一阵清风徐来,娇艳鲜嫩的盛期牡丹忽然整朵整朵地坠落,铺散一地绚丽的花瓣。那花瓣落地时依然鲜艳夺目,如同一只被奉上祭坛的大鸟脱落的羽毛,低吟着壮烈的悲歌离去。牡丹没有花谢花败之时,要么烁于枝头,要么归于泥土,它跨越委顿和衰老,由青春而死亡,由美丽而消遁。它虽美却不吝惜生命,即使告别也要留给人最后一次惊心动魄的体味。

所以在这阴冷的四月里,奇迹不会发生。任凭游人扫兴和诅咒,牡丹依然安之若素。它不苟且不俯就不妥协不媚俗,它遵循自己的花期自己的规律,它有权利为自己选择每年一度的盛大节日。我想,人们不会因牡丹的拒绝而拒绝牡丹的美。牡丹之美,惊世骇俗。

于是你在无言的遗憾中感悟到,富贵与高贵只是一字之差。同人一样,花儿也是有灵性、有品位之高低的。品位这东西,为气为魂为筋骨为神韵,只可意会。你叹服牡丹卓尔不群之姿,方知"品位"是多么容易被世人忽略或漠视的美。

1. "牡丹的拒绝"显示出牡丹具有怎样的个性?

2. 文章最后一段中"富贵"和"高贵"分别写出了牡丹哪方面的特质?
① 富贵:

② 高贵:

3. 下面句子主要使用了哪种修辞手法,作者写此句的意图是什么?
一丝苍白的阳光伸出手竭力抚弄着它,它却木然呆立,无动于衷。
修辞手法:

作者意图:

4.作者写牡丹之超凡脱俗意在写人的品性,请就"'品位'是多么容易被世人忽略或漠视的美"这句话,结合生活实际谈谈你对做人品位的理解。

答:

5."牡丹"的个性被作者称颂,其实,不同的花被不同的人欣赏。请从荷花、菊花和梅花三种花中选择你钟爱的一种,引用诗、词、文中的名句,用优美的语言揭示其内在的精神品格。(40~50字)

答:我钟爱(　　)花。

八、写作题(30分)

1.某班准备开展一次主题为"神七,我为你骄傲"的语文综合实践活动,假如你是语文课代表,这次活动由你来主持,请你设计一个开场白:

_____

_____

(2)请你为这次活动做策划。

活动目的:_____

活动形式：_____

2.自主命题，以"妈妈的唠叨"为话题写一篇作文。

第五单元

一、给下列画线的字注音(5分)

1. 重峦叠嶂( )( )   2. 凌霄矗立( )( )
3. 峭壁千仞( )( )   4. 璀璨( )( )
5. 褶皱( )   6. 凝眸( )
7. 细腻( )   8. 傩戏( )
9. 天籁( )   10. 翘望( )

二、改正错别字(10分)

1. 历史优久( )   2. 文风台荡( )
3. 倚丽多彩( )   4. 蹑身光( )
5. 追搠( )   6. 雏型( )
7. 泗滨浮磐( )   8. 褶绉断裂( )
9. 缠棉( )   10. 宏扬( )

三、判断题(对的打"√",错的打"×",10分)

1. 因地貌因素的影响,安徽全省四季分明,气候温和。( )

2. 安徽现被列为国家级历史文化名城的有歙县、寿县。
( )

3. 徐迟的《登黄山记》全文不是以描写黄山景色为主,而主要是体现了人类征服自然的意志和进程,歌颂那些把仙境送给人间的人们。( )

4. 徐迟的《登黄山记》第二部分写对攀登黄山历史的回顾主要目的是增加文章的内容。( )

5. 黄梅戏,旧称黄梅调或采茶戏,与京剧、越剧、评剧、豫剧

并称"中国五大剧种"。（　　）

6.黄梅戏是黄梅熟时,梅雨霏霏,农家不能从事农业生产时演唱的一种戏曲。（　　）

7.我国第一部观赏石专著、宋人著的《云林石谱》把灵璧石排列在全国一百一十六种观赏石的第二位。（　　）

8.灵璧石具有"瘦、皱、漏、透"等美学特点,这是亿万年因雨水冲刷形成的。（　　）

9.安徽民歌带有南北风格共存互动与兼容并蓄的特点,这种复杂性又使得它更加奥妙无穷,丰富多彩。（　　）

10.演讲时和听众应有适当的交流互动,但不可太多。（　　）

四、填空题（13分）

1.安徽人杰地灵,英才辈出,在历史上形成五个人物高峰期,这就是：(1)以_____、_____为代表的三国人物高峰期；(2)以_____为代表的明代人物高峰期；(3)清初,以_____为代表的桐城派与以_____为代表的（皖派）经学派人物高峰期；(4)清末,以_____为代表的淮军将领人物高峰期；(5)以_____、_____等为代表的民国人物高峰期。

2.《黄梅戏》是从_____、_____、_____、_____几个方面介绍其戏剧特点的。

3.灵璧石博大精深、气韵高古,作为观赏石瑰宝,其自然美学和文化内涵是多元化的,具体表现在_____、_____、_____、_____、_____等诸多方面。

4.读后感的结构可以用"_____、_____、_____、_____"四个字加以概况。

5.演讲必须具备_____、_____、_____三个要素。

五、选择题(16分)

1. 安徽历史悠久,下面对安徽区划表示不正确的是 (   )
   A. 春秋时,西北部属宋,西部属楚,东属吴。
   B. 战国,全境属楚。
   C. 秦实行郡县制,安徽境分属砀、郯、泗水和九江郡。
   D. 直到民国时期才正式建立安徽省,简称"皖",辖8府51县。

2. 下面不属于徽菜主要名菜的是 (   )
   A. 火腿炖甲鱼   B. 红烧果子狸
   C. 冰糖甲鱼   D. 腌鲜鳜鱼

3. 下列词语中画线字的注音有误的一组是 (   )
   A. 煞费心机(shà)   瞬息万变(shùn)   悭吝(qiān)
   B. 自出机杼(zhù)   前拥后簇(cù)   菡萏(hàn dàn)
   C. 绮丽多彩(qǐ)   倏来倏去(shū)   凝眸(móu)
   D. 扑朔迷离(shuò) 喘息甫定(fǔ)   虔诚(qiān)

4. 下列各句中没有错别字的一项是 (   )
   A. 大自然把紫红的峰,雪浪云的海,虚无飘缈的雾,苍翠的松,拿过来组成了无穷尽的幻异的景。
   B. 这舞松之风更把云雾吹得千姿百态,令人眼花燎乱。
   C. 一刹间火球腾空,凝眸处彩霞掩映。
   D. 菲红的莲花峰迎着阳光,抒展了一瓣瓣含水的花瓣。

5. 下列各句所用修辞手法不同于其他三句的是 (   )
   A. 一幅幅,有似古山水,笔意简洁。
   B. 天都突兀而立,如古代将军。
   C. 远处如白练一条浮着的,正是长江。
   D. 大自然把紫红的峰,雪浪云的海,虚无缥缈的雾,苍翠的松,拿过来组成了无穷尽的幻异的景。

6. 对黄梅戏角色表述错误的一项是 （ ）
A. 老旦:扮演老年妇女,在戏中多为配角。
B. 旦行是黄梅戏的主要行当,旧有"一旦挑一班"之说。
C. 小旦:又称"花旦",多扮演活泼、多情的少女或少妇,要求唱做并重,念白多用小白(安庆官话),声调脆嫩甜美,表演时常执手帕、扇子之类,舞动简单的巾帕花、扇子花。
D. 刀马旦:多扮演庄重、正派的成年妇女,重唱工,表演要求稳重大方。

7. 下列句子排列顺序恰当的一项是 （ ）
①在距今8亿年前的震旦纪,灵璧是一片浅海,这里阳光充裕,生活着大量浮游生物。②浮游生物死后与海水中碳酸盐一起沉淀下来,由于地壳运动被深埋于地下,在地球内部温度、压力作用下固结成岩。③混杂于其中的藻类由于成分的不同,就形成了各种色彩的花纹、图案。④灵璧石美轮美奂,它究竟是怎样形成的呢?⑤经过数亿年的地壳构造运动、风化和蚀变作用,岩层发生褶皱断裂,加之亿万年的雨水冲刷,使灵璧石形成了"瘦、皱、漏、透"等美学特点。
A. ③①⑤④②　　　　B. ④①②③⑤
C. ⑤②③①④　　　　D. ⑤④③②①

8. 对演讲的注意事项表述错误的一项是 （ ）
A. 开场白很重要,但是不应太长,重点是抛出问题或激发兴趣。
B. 站起来讲,时刻面对听众而不是屏幕,照顾到整个会议室。
C. 需要观察听众对你所讲内容的反映,激发听众的兴趣,保持他们的注意力。

D.要多多借助于手势和小动作来配合所讲的内容。

六、语段释义(8分)

1.由于安徽地处江淮之间,地区的差异和交通状况的不同,所以南北民俗风情丰富多彩,各有特色。

2.这是何等的公园!这是何等的人间!

七、阅读下文,回答问题(12分)

  大自然是崇高、卓越而美的。它煞费心机,创造世界。它创造了人间,还安排了一处胜境。它选中皖南山区。它是大手笔,用火山喷发的手法,迅速地,在周围一百二十公里,面积千余平方公里的一个浑圆的区域里,分布了这么多花岗岩的山峰。它巧妙地搭配了其中三十六大峰和三十六小峰。高峰下临深谷;幽潭傍依天柱。这些朱砂的,丹红的,紫褐色的群峰,前拥后簇,高矮参差。三个主峰,高风峻骨,鼎足而立,撑起青天。

  这样布置后,它打开了它的云库,拨给这区域的,有倏来倏去的云,扑朔迷离的雾,绮丽多彩的霞光,雪浪滚滚的云海。云海五座,如五大洋,汹涌澎湃。被雪浪拍击的山峰,或被吞没,或露顶巅,沉浮其中。然后,大自然又毫不悭吝地赐予几千种植物。它处处散下了天女花和高山杜鹃。它还特意委托风神带来名贵的松树树种,播在险要处。黄山松铁骨冰肌;异萝松天下罕见。这样,大自然把紫红的峰,雪浪云的海,虚无缥缈的雾,苍翠的松,拿过来组成了无穷尽的幻异的景。云海上下,有三十六源,二十四溪,十六泉,还有八潭,四瀑。一道温泉,能治百病。各种走兽之外,又有各种飞禽。神奇的音乐鸟能唱出八个乐音。希世的灵芝草,有珊瑚似的肉芝。作为最高的奖励,它格外赏赐了只属于幸福的少数人的,极罕见的摄身光。这种光最神奇不过。它有彩色光晕如镜框,中间一明镜可显见人形。三个人并立峰上,各自从峰前摄身光中看见自己的面容身影。

这样,大自然布置完毕,显然满意了,因此它在自己的这件艺术品上,最后三下两下,将那些可以让人从人间步入胜境去的通道全部切断,处处悬崖绝壁,无可托足。它不肯随便把胜境给予人类。它封了山。

1. 作者用拟人的手法,把大自然作为主人来描写它怎样安排黄山,这样写有什么作用呢?

2. 对"云海"的描写用的是什么手法?

3. 找出文中描写山形的词语,用一个字来概括黄山的特点。

4. 作者写大自然对黄山的"赏赐",列举了云、松、音乐鸟、灵芝、肉芝和摄身光等,这是黄山所特有的,因而就突出了黄山风景的_____。

八、写作题(26分)

有人说,"月是故乡明",也有人说"最美不过家乡水"。你离开过家乡吗?家乡以外的月亮、山水、其他景色或别的事物(如美食)引起过你对家乡的思念吗?请抓住家乡和家乡以外同一事物的相同或不同之处,写一篇600字思念家乡的文章,题目自拟。

九、网络作业

1. 上网查找安徽民歌《摘石榴》,并学会演唱。
2. 上网找出安徽行政区划在历代的历史沿革。

第六单元

一、给下列画线的字注音(5分)

1. 轮廓( ) 2. 秉性( ) 3. 隧道( )
4. 曝晒( ) 5. 膨胀( ) 6. 侏罗纪( )
7. 铁钳( ) 8. 鳞屑( ) 9. 图谍( )
10. 龛( )

二、改正错别字(10分)

1. 闪曜( ) 2. 撩望( ) 3. 慵肿( )
4. 抉土( ) 5. 仓桑( ) 6. 呼哮( )
7. 振惊( ) 8. 瑚蝶( ) 9. 驿栈( )
10. 归然挺立( )

三、判断题(对的打"√",错的打"×",8分)

1. 极光是光的美丽显示,是由高空大气中的放电辐射造成的。( )

2. 极光不仅是种光学现象,而且是种无线电现象,可以用雷达进行探测研究,它还会辐射出某些无线电波。( )

3. 未长成的蝉的地下生活,至今还是个秘密,不过在它来到地面以前,地下生活所经过的时间我们是知道的,大概是五年。以后,在阳光中的歌唱只有四星期。( )

4. "而蚋却很镇静,一点不害怕,像在自己家里一样。"用的是比喻的修辞手法。( )

5. 经济合同一经签订就再也不能改变。( )

6. 一切经济合同都受到法律的严格保护。( )

7.沈括对雁荡山成因的解释比国外要早800年。（　　）
8.说明文语言要求准确、周密,《蚁与蝶的生死之交》运用比喻和拟人的修辞手法就破坏了文章的表达效果。（　　）

四、填空题(8分)

1.传说黄帝的母亲是一个名叫_____的女子。
2.极光按其形态特征分为_____、_____、_____、_____、_____等五种。
3.《蝉》的作者_____,是法国昆虫学家,他的《_____》是介绍昆虫生活情态的书,他的科学小品别具一格,被世人称为"_____"。
4.《雁荡山》的作者_____,字_____,号_____,杭州钱塘人。主要作品是被誉为中国科学史上的里程碑的_____。
5.推销策略当中:试探性策略,亦称_____;_____,也称诱发—满足策略;针对性策略,亦称_____。

五、选择题(20分)

1.下列词语,书写错误的一项是（　　）
A.遁辞　秉性　摇曳　覆手为雨
B.郧石　绵亘　旋涡　语竭词穷
C.瞭望　帐幔　褶皱　生花妙笔
D.炫目　辐射　沧桑　变化莫测
2.下列说法正确的一项是（　　）
A.极光只在夜间才会出现,附宝就是在夜间看到的。
B.最亮的极光能使人看清万物,且能照出影子来。
C.极光在古代一直被认为是祥瑞的征兆,故有附宝"感有孕二十五月,而生黄帝轩辕于青邱"的传说。

D.希腊神话已具备了一定的科学道理,认为极光是北风等多种风的母亲,这其中就包含了下文所说的"太阳风"。

3.填在下列横线上的词语,正确的一项是 ( )

①_____恒星和星系之间相距遥远,英里这一测量单位很快变得不实用。

②_____我们能够以光速或接近光速旅行,旅行范围也限于我们在有生之年可以进行探索的星体。

③这肯定不是很近的将来会出现的技术,_____现在可以作大量的设想。

④我们假定,时间膨胀的现象不是时间旅行——既不是未来时间的一部分,_____不是过去时间的一部分。

A.由于 即使 但是 又　　B.因为 即使 虽然 更
C.因为 如果 但是 又　　D.由于 如果 虽然 更

4."运动速度和时间变化不是简单的线性关系。光速降到一半或四分之一时,时间变化率并没有分别降到一半或四分之一。只有速度十分接近光速时,时间膨胀才明显。"这句话的意思是 ( )

A.运动速度和时间的变化成正比。
B.运动速度和时间的变化成反比。
C.运动速度和时间变化有规律可循。
D.运动速度和时间变化无规律可循。

5.选出下列词语中没有错别字的一项 ( )

A.刻骨铭心　往哲先贤　险相叠生　昙花一现
B.引经据典　稍纵即逝　天翻地覆　相形见绌
C.英雄气慨　滔滔不竭　重蹈覆辙　枕戈待旦
D.气吞斗牛　趋避凡俗　眼花缭乱　怨天忧人

6.《蚁与蝶的生死之交》中揭示蓝蝶消失的主要原因是
(   )
A. 没有了蚂蚁的保护,它被别的动物吃光了。
B. 是因为人们大量捕杀导致蓝蝶消失。
C. 是因为这种蚂蚁的生活环境被人类破坏,蓝蝶失去了生存能力。
D. 蓝蝶幼虫长成蝴蝶时被蚂蚁吃掉了。

7. 下列画线的字注音完全正确的一项是 (   )
A. 穹(qóng)崖　　　干(gān)霄
B. 岿(kūn)然　　　龙湫(qiū)
C. 沟壑(hè)　　　龛(kān)岩
D. 迥(jiǒng)然　　　成皋(gāo)

8. 下列画线的字释义完全正确的一项是 (   )
①穹崖巨谷(高)　②不类他山(似)　③森然干霄(冲)
④原其理(原来)　⑤皆是水凿之穴(开凿)　⑥从上观之适于地平(恰好)　⑦皆有植土龛岩(立)　⑧亦此类耳(类)
A. ①③⑤⑦　　　　　B. ②④⑥⑧
C. ②③⑥⑦　　　　　D. ④⑤⑦⑧

9. 填在括号中的字词,正确的一项是 (   )
原其理,当是(   )谷中大水冲激,沙土(   )去,唯巨石岿然挺立(   )。如大小龙湫、水帘、初月谷之类,皆是水凿之穴。自下望之(   )高岩峭壁,从上观之适与地平(   )诸峰之顶,(   )低于山顶之地面。

A. 于　皆　耳　而　以至　亦
B. 于　俱　也　乃　乃至　而
C. 为　尽　耳　则　以至　亦

D.为　尽　乎　是　然则　乃

10.合同当事人因过错造成合同不能履行时所承担的经济和法律责任的条款是　　　　　　　　　　（　　）

A.标题　　　　　　　　B.标的

C.合同落款　　　　　　D.违约责任

六、语段释义(9分)

1.它要轧碎这些坏种子非常容易,不过它竟不能改变它的本能来拯救它的家族。

2.谁也猜不透,这种会飞的美丽"花朵"上哪儿去了。

3.原其理,当是为谷中大水冲激,沙土尽去,唯巨石岿然挺立耳。

七、简答题(15分)

1.《神奇的极光》中认为极光是如何产生的?

2.我们能够在有生之年到达银河系中最近的恒星吗?

3.雁荡山是如何形成的?

八、写作题(25分)

阅读下面的材料,根据要求作文:

有一种东西,人们永远触不到,看不着,却总能感觉它的存在;有一种东西,人们都极力地遮掩,却永远挡不住它匆匆的脚步;有一种东西,人们愿用一切代价去换取,却没有任何一种珍宝能衡量它的价值……这便是时间了。

请以"时间"为话题写一篇作文,所写内容必须在这个话题范围内。

注意:①立意自定;②文体自选;③题目自拟;④不少于500字。

第七单元

一、给下列画线的字注音(5分)

1. 袅娜(　　)　2. 倩影(　　)　3. 弥望(　　)
4. 旖旎(　　)　5. 耄耋(　　)　6. 爽籁(　　)
7. 睢园(　　)　8. 帝阍(　　)　9. 簪笏(　　)
10. 捧袂(　　)

二、改正错别字(5分)

1. 没精打彩(　　)　　2. 参差班驳(　　)
3. 烟波浩纱(　　)　　4. 离乡被井(　　)
5. 飘泊天涯(　　)　　6. 碧波万倾(　　)
7. 美妙绝轮(　　)　　8. 良晨美景(　　)
9. 惊心动泊(　　)　　10. 钟鸣顶食(　　)

三、判断题(对的打"√",错的打"×",10分)

1. 季羡林先生的《月是故乡明》是一篇记叙文。(　　)

2. 朱自清先生是现代文学团体文学研究会的重要成员。
(　　)

3. "我的小月亮,我永远忘不掉你!"这句话是《荷塘月色》作者朱自清先生说的。(　　)

4. 台湾作家余光中不仅为我们开辟了一块散文绿洲,更被誉为"以现代文学为轴心的扛鼎诗人"。(　　)

5. "蓊蓊郁郁",喻指树木茂盛的样子。(　　)

6. 王勃是唐代诗人,与杨炯、陈子昂、骆宾王齐名,齐称"初唐四杰"。(　　)

7.广告是一种公开而广泛地向公众传递信息的实用文体,主要用于向公众推广商品、服务项目或文娱体育活动。(　　)

8.《荷塘月色》一文多处运用了比喻、通感的手法,遣词精妙,文奇句瑰。(　　)

9."不是你考,就是我考,考他娘的什么东西?"这句话是已故国学大师钱钟书1934年在清华大学读书时所写的一段抱怨考试的日记。(　　)

10.《听听那冷雨》是一篇优美的散文诗,感性十足而又充盈着灵性与智性。(　　)

四、填空题(10分)

1. _____ 先生的《荷塘月色》是一篇散文名篇,写于 _____,正值 _____ 事件之时。文章借对"荷塘月色"的细腻描绘,含蓄而又委婉地抒发了作者不满 _____,渴望 _____,想超脱 _____ 而又不能的复杂的思想感情。

2. _____ 的《记忆》是一篇哲理性很强的抒情散文。话题是"_____",内容涉及的却是人生的真谛。文章由一个"年轻的朋友"的三处 _____ 展开,这三个设问是:① _____ ② _____ ③ _____。

3.《听听那冷雨》是 _____ 的代表作品,正如 _____ 之于朱自清,《茶花赋》之于杨朔一样,比较集中地反映了作家的创作 _____ 及艺术风格。

4.广告的种类有多种多样,就其表现形式来分,有全部用文字表达的 _____;有以 _____ 为主配有文字说明的 _____;有以文艺演出形式如小品、舞蹈等来介绍商品的 _____;有以实物、模型等陈列橱窗、画廊用来宣传商品的 _____。

五、选择题(10分)

1. 下列各组词语中相同的字读音全都相同的一组是 （　　）
   A. 济世　救济　济济一堂　无济于事
   B. 否定　否则　否极泰来　矢口否认
   C. 发胶　须发　间不容发　令人发指
   D. 便饭　便览　便宜行事　大腹便便

2. 下列作家中不属于现代作家的是 （　　）
   A. 朱自清　　B. 王勃　　C. 季羡林　　D. 韩少华

3. 为下面的句子排顺序,正确的一组是 （　　）
   ①树梢上隐隐约约的是一带远山,只有些大意罢了。②树色一例是阴阴的,乍看像一团烟雾;但杨柳的丰姿,便在烟雾里也辨得出。③这些树将一片荷塘重重围住;只在小路一旁,漏着几段空隙,像是特为月光留下的。④树缝里也漏着一两点路灯光,没精打采的,是渴睡人的眼。⑤荷塘的四面远远近近,高高低低都是树,而杨柳最多。
   A. ⑤③②①④　　　B. ①④③②⑤
   C. ①④②③⑤　　　D. ⑤②③①④

4. 被称为余光中"专利"的诗歌结构形式是 （　　）
   A. 自由体结构　　　B. 民歌体结构
   C. 三联句式结构　　D. 欧化句式结构

5. 下列成语中有错的是 （　　）
   A. 专心至志　　　B. 小心翼翼
   C. 游目骋怀　　　D. 历尽沧桑

六、词句填空(6分)

1. ＿＿＿＿＿＿＿,疏雨滴梧桐。
2. 白云回望合,＿＿＿＿＿＿＿。
3. ＿＿＿＿＿＿＿,月是故乡明。

4. 冯唐易老,_____。
5. _____,秋水共长天一色。
6. 老当益壮,宁移白首之心;_____,_____。

七、文言文翻译(10分)

1. 物华天宝,龙光射牛斗之墟;人杰地灵,徐孺下陈蕃之榻。

2. 时维九月,序属三秋。

3. 遥襟甫畅,逸兴遄飞。爽籁发而清风生,纤歌凝而白云遏。

4. 落霞与孤鹜齐飞,秋水共长天一色。

5. 嗟乎!时运不齐,命途多舛;冯唐易老,李广难封

八、简答题(24分)

1.《听听那冷雨》这篇散文在构思上有何独特之处?

2.从初中学过的作品中举出一例典型的细节描写赏析,然后就你熟悉的一个人完成一段细节描写。

九、写作题(20分)

《荷塘月色》中美妙、静谧、和谐的月下荷塘风光令人神往,《听听那冷雨》读来使人仿佛真的置身于那凄清的冷雨之中,《月是故乡明》里那动人的故乡月色,会使我们的心灵为之震颤。当然,拨动我们心弦的不光是那美不可言的景,更有作者融于其中的那浓浓的情。你的生命历程中不会没有风景,那么,曾使你为之流连的风景有哪些?其中给你留下最深刻印象的风景又是什么?它为什么会使你如此流连,难以忘怀?
请将它描绘出来,字数600字以上。

第八单元

一、根据下列拼音写汉字(5分)

1. 精神抖 sǒu(　　)
2. quán(　　)愈
3. 时 máo(　　)
4. 蒸汽碌 zhou(　　)
5. 应 chou(　　)
6. 捉 nuò(　　)
7. tā(　　)拉
8. cù(　　)眉
9. shē(　　)账
10. shān(　　)然

二、改正错别字(5分)

1. 滔晦之计(　　)
2. 色历胆薄，好谋无断(　　)
3. 掊肝沥胆(　　)
4. 禄禄小人(　　)
5. 摺皱(　　)
6. 绊嘴(　　)
7. 暑褥之气(　　)
8. 不能隐诲(　　)
9. 束兵抹马(　　)
10. 舍弟见操僭越(　　)

三、判断题(对的打"√"，错的打"×"，10分)

1. 《青梅煮酒论英雄》节选自罗贯中的《三国演义》，里面的两位主人公是曹操和孙权。　　　　　　　　　　(　　)

2. 曹雪芹，明代小说家、诗人、画家，他是中国长篇名著《红楼梦》的作者。　　　　　　　　　　　　　　(　　)

3. 约翰·高尔斯华绥是英国小说家、剧作家，1932年凭作品《福尔赛世家》三部曲获诺贝尔文学奖。(　　)

4. 欧·亨利，美国著名小说家。他的小说构思精巧，风格独特，他是"世界三大长篇小说巨匠"之一。　　(　　)

5. 巴金的小说《围城》是中国近代文学中最有趣、最用心

经营的小说之一。（   ）
6.名满天下的钱钟书有"文化昆仑"、"民国第一才子"之美誉,是现代史上当之无愧的国宝级的人物。（   ）
7.《红楼梦》共120回,都是曹雪芹所著。（   ）
8.《麦琪的礼物》、《最后一片叶子》是欧·亨利的代表作品。（   ）
9.《管锥编》的作者是钱钟书先生的夫人杨绛,共注释了中国十部古籍。（   ）
10.《天涯海角》是约翰·高尔斯华绥出版的第一部作品。
（   ）

四、填空题(10分)

1.《围城》是中国现代文学史上一部风格独特的_____,主角_____是个从中国南方乡绅家庭走出的青年人。该书被誉为"_____"。

2.曹操的性格特点是:既有_____、_____、_____的性格侧面,又有_____、_____、善于用人的_____的一面。

3.《品质》的故事结构采用了明暗两条线索,一条明线:_____;一条暗线:_____。

4.欧·亨利与法国_____、俄国_____并称"世界三大短篇小说巨匠",他的短篇小说_____、_____,其享有"_____"称号。

5.罗贯中是_____著名小说家、戏曲家,也是中国_____小说的鼻祖,其代表作为《_____》。

五、选择题(10分)

1.下列词语中画线的字读音全都正确的一组是（   ）
A.苔藓(xiǎn) 扶弱济困(jì) 掺酒(chān) 出殡(bìn)

B. 瞥见(piē)   蹑手蹑脚(shè)   昵称(nì)   狭窄(zhǎi)
C. 窗槛(jiàn)   着想(zháo)   一幢(zhuàng)   砖砌(qì)
D. 模特(mó)   编辑(ji)   唠叨(láo)   瞅一眼(jiū)

2. 下列不属于"世界三大短篇小说巨匠"的是　　　　（　　）
A. 欧·亨利　　　　　　B. 莫泊桑
C. 高尔斯华绥　　　　　D. 契诃夫

3. 下列词语没有错别字的一组是　　　　　　　　　（　　）
A. 班配   一愁莫展   草菅人命   看菜吃饭,量体裁衣
B. 无耐   怙恶不悛   不落巢臼   己所不欲,勿施于人
C. 根茎   挺而走险   流言蜚语   如临深渊,如履薄冰
D. 暴躁   徒有虚名   莫名其妙   失之毫厘,谬以千里

4. 下列各句中没有语病的一句是　　　　　　　　　（　　）
A. 人们的悲哀在于,应该珍惜的时候不懂得珍惜,而懂得珍惜的时候却失去了珍惜的机会。

B. 这次外出比赛,我一定说服老师和你一起去,这样你就不会太紧张了,可以发挥得更好。

C. "新课标"要求,在教学中,教师的角色要由传统的"满堂灌"向学生学习的参与者和促进者转变。

D. 很多人利用长假出游,怎样才能避免合法权益不受侵害,有关部门对此作了相关提示。

5. 下列各句中画线的成语使用不恰当的一项是　　　（　　）
A. 学校社团的招新活动成为一道亮丽的风景线,男女同学<u>纷至沓来</u>,踊跃报名。

B. 他们<u>差强人意</u>的服务质量,不仅给社区居民的生活带来诸多不便,而且有损职能部门在公众中的形象。

C. 东方大学城在短短四年内就以2.1亿元自有资金获取了13.7的亿元巨额利润,这种惊人的财富增长速度确实

匪夷所思。
D.很多教师和学生都有这样的经验和体会,在考试前一定要保持轻松的心态,采用疲劳战术和题海战术只能<u>事倍功半</u>。

六、填空题(5分)

1. _____,一把辛酸泪。
2. 大则兴云吐雾,_____。
3. 胸怀大志,_____。
4. _____,今宵红灯帐底卧鸳鸯。
5. 子系中山狼,_____。

七、文言文翻译(10分)

1. 酒至半酣,忽阴云漠漠,聚雨将至。

2. 今天下英雄,惟使君与操耳!

3. 将在外,君命有所不受。

4. 古人云:一日纵敌,万世之患。望丞相察之。

5. 河北袁绍,四世三公,门多故吏;今虎踞冀州之地,部下能事者极多,可为英雄?

八、简答题(12分)

1."最后一片常春藤叶"对琼珊和贝尔曼各有什么含义?

2.宝黛吵架的心理原因是什么?是否有普遍意义?

九、作文题(第1题10分,第2题23分,共33分)

1. 下面是关于钱钟书的一则轶事：

　　1991年,全国18家省级电视台联合拍摄《中国当代文化名人录》,要拍钱钟书,被他婉拒。别人告诉他会有很多的酬金以及曝光率。他淡淡一笑:"我都姓了一辈子'钱'了,还会迷信这东西吗?"

　　读后,请你写一篇200字左右的短文,谈谈你的感受。

2. 阅读下面的文字,根据要求写一篇不少于 400 字的作文。

上课了,老师说:"同学们,这节课我们来讨论一个问题,'第一'和'第二'的问题。"同学们都看着老师,一时不明白老师的意图。老师就问同学们:"世界上第一高峰是哪座山峰?"大家哄堂大笑,大声回答道:"珠穆朗玛峰!"老师接着追问:"世界第二高峰呢?"这下同学们面面相觑,无人应声。于是老师又接着说道:"同学们,'第一'和'第二'究竟有什么不同呢?为什么你们都只记住了第一高峰,而不知道第二高峰呢?你们记住了第一高峰,该不该就忽略第二高峰呢?"听了老师的话,同学们陷入了沉思。

要求:选择一个角度构思作文,自定立意,自选文体,自拟题目。

第九单元

一、给下列画线的字注音(5分)

1. 盗跖(　　)　　2. 前合后偃(　　)　　3. 罪愆(　　)
4. 弹劾(　　)　　5. 薅(　　)　　6. 袖襟(　　)
7. 坟茔(　　)　　8. 巉岩(　　)　　9. 悲怆(　　)
10. 冗繁(　　)

二、改正错别字(5分)

1. 错堪贤愚(　　)　　2. 不甚重听(　　)
3. 古陌荒千(　　)　　4. 饱经仓桑(　　)
5. 齐心和力(　　)　　6. 脚步良跄(　　)
7. 永无肖歇(　　)　　8. 回光反照(　　)
9. 挣脱恶运(　　)　　10. 伤心焦悴(　　)

三、判断题(对的打"√",错的打"×",10分)

1. 戏剧塑造人物主要通过人物语言和动作来进行。剧本通常包括人物台词(道白和唱词)和舞台提示两个部分。　　(　　)

2. 《雷雨》是曹禺的成名作,也是他的代表作,写于1934年,总共有四幕。　　(　　)

3. 《窦娥冤》的作者是关汉卿,他是元朝时期大都人,著名的戏剧作家。　　(　　)

4. 《罗密欧与朱丽叶》的作者是文艺复兴时期英国杰出的戏剧家和诗人,其主要作品有《李尔王》、《哈姆雷特》和《奥赛罗》等。　　(　　)

5.小品的特点是小,但它仍具有戏剧作品主要的因素。
（   ）

四、填空题(24分)

1.天地也!只合把清浊分辨,_____？
_____,造恶的享富贵又寿延。

2.天地也!做个怕硬欺软,_____!
地也,_____!天也,_____!

3.关汉卿,_____(朝代)著名剧作家,与_____、
_____并称为_____。关汉卿的主要作品有
_____、_____、_____、_____等,其中_____
被称为"世界十大悲剧之一"。

4.曹禺,原名_____,现代著名剧作家。其代表作有_____
、_____、_____等。

5.莎士比亚,_____(国别)著名_____和_____。其著名
的四大悲剧为_____、_____、_____、_____。

6.戏剧按作品内容性质分为_____、_____等;按
表演形式分为_____、_____、_____、_____
等;按题材反映的时代,可分为_____和_____;按剧
情繁简和结构,可分为_____和_____。

7.戏剧三要素为_____、_____和_____。

8.元杂剧的基本结构为_____,剧本由_____、_____
和_____三部分构成,角色分_____、_____、
_____等。

五、选择题(18分)

1.下列画线字注音不完全正确的一组是（   ）
A.<u>枷</u>(jiā)锁　错<u>勘</u>(kān)　<u>提</u>(tí)防　<u>刽</u>(guì)子手　前
合后<u>偃</u>(yǎn)

B.仆(pú)人　谛(dì)听　惊愕(è)　汗涔涔(cén)
虚与委蛇(yí)
C.祈祷(dǎo)　轻蔑(miè)　难堪(kān)　喘(chuǎn)气
杳(yǎo)无音信
D.罪愆(qiān)　怪诞(dàn)　忏(chàn)悔　嗟(jiē)叹
青春荚(jiá)貌

2.下列句中有两个错别字的一项是（　　）
A.若果有一腔怨气喷如火,定要感的六出冰花滚似棉,免着我尸骸现。要什么素车白马,断送出古陌慌阡!
B.念窦娥伏侍婆婆这几年,遇时节将碗凉浆奠;你去那受刑法尸骸上烈些纸钱,只当把你亡化的孩儿荐。
C.矿上的工人已经在昨天早上复工,你当代表的仮而不知道?
D.重重的顾虑使我们全变成了儒夫,觉心的赤热的光彩,被审椹的思维盖上了一层灰色,伟大的事业在这一种考虑之下,也会逆流而退,失去了行动的意义。

3.下列各组词语中词义解释有误的一项是（　　）
A.寿延(寿命长)　盛气凌人(自高自大,以气势压人)
B.审慎(周密而谨慎)　迷惘(由于分辨不清而困惑,不知怎么办)
C.背井离乡(离开水井,离开家乡)　忏悔(对人坦白自己的过错,有求容忍宽恕之意)
D.恻隐(对受苦难的人表示同情)　犯而不校(被人侵犯,不加计较)

4.依次填入下列各句中的词语,最恰当的一项是（　　）
①啊,一颗多么高贵的心是这样陨落了!朝臣的____、学者的____、军人的____、国家所瞩望的一朵____。

②(冷笑)这么说,我自己的骨肉在矿上_____罢工,反对我!

A. 辩舌　眼睛　利剑　娇花　煽动
B. 眼睛　辩舌　利剑　娇花　鼓动
C. 利剑　辩舌　眼睛　明镜　领导
D. 雅范　利剑　眼睛　娇花　煽动

5.下列成语典故和传说中的相关的历史人物对应正确的一项是(　　)

①望帝啼鹃　②苌弘化碧　③六月飞霜　④亢旱三年

A. ①邹衍　②苌弘　③燕惠王　④东海孝妇
B. ①邹衍　②庄周　③燕惠王　④窦娥
C. ①杜宇　②苌弘　③邹衍　④东海孝妇
D. ①杜宇　②庄周　③邹衍　④窦娥

6.下列各句中标点符号使用有误的一项是　　(　　)

A. 难道美丽除了贞洁以外,还有什么更好的伴侣吗？
B. 天上的神明啊！让他清醒过来吧！
C. 浮云为我阴,悲风为我旋,三桩儿誓愿明提遍。(做哭科,云)婆婆也,直等到雪飞六月,亢旱三年呵,(唱)那其间才把你个屈死的冤魂这窦娥显。
D. 鲁侍萍:(泪满眼)我……我……我只要见见我的萍儿。

7.下列文学文化常识表述有误的一项是　　(　　)

A. 《窦娥冤》是元代戏曲作家关汉卿的代表作,他的主要作品除了《窦娥冤》、《救风尘》、《单刀会》等,还有著名的《桃花扇》。
B. 我国古代音乐以宫、商、角、徵、羽、变徵、变宫为七声。"六出冰花"指雪花,因为雪的结晶体一般有六角。

C.《雷雨》中许多人物之间都有双重关系——周朴园与鲁侍萍既是同居关系又是主仆关系,周朴园与鲁大海既是父子关系又是劳资关系,周萍与鲁大海既是兄弟关系又是资本家少爷与工人的关系,周萍与四凤既是兄妹关系又是恋人及主仆关系,等等。

D.《罗密欧与朱丽叶》的作者是欧洲文艺复兴时期英国最伟大的戏剧家和诗人莎士比亚。该戏剧是根据意大利民间故事改编而成。

8.下列表述有误的一项是 （   ）

A.元杂剧结构,基本形式是四折加一楔子,一般按照剧情的开端、发展、高潮和结束来划分。

B.人物对白包括独白、旁白、对白、带白等,是剧本主要组成部分。

C.宫调是表示声音高低的,曲子分许多宫调,每折戏中可变换不同的宫调。

D.元杂剧的演出由唱、科、白三部分组成。角色分为末、旦、净、杂四大类。

9.阅读下面一段很耐人寻味的对话,揣摩他们的潜台词,分析不恰当的一项是 （   ）

周朴园:你知道她现在在哪儿？①

鲁侍萍:我前几天还见着她！②

周朴园:什么？她就在这儿？此地？③

鲁侍萍:嗯,就在此地。④

A.①周朴园的潜台词是:她竟然还活着！可怕！但愿远在他乡。

B.②鲁侍萍的潜台词是:你心虚啦！且看你还如何表演！

C.③周朴园的潜台词是:太可怕了,她竟然就在这座城里！

D.④鲁侍萍的潜台词是:嗯,我就站在你面前,难道我就变得那么老了吗?

六、阅读理解(28分)

(一)阅读下面一段文字,完成文后习题(8分)

(外扮监斩官上,云)下官监斩官是也。今日处决犯人,着做公的把住巷口,休放往来人闲走。(净扮公人鼓三通、锣三下科。刽子磨旗、提刀,押正旦带枷上。)(刽子云)行动些,行动些,监斩官去法场上多时了。(正旦唱)

【正宫】【端正好】 没来由犯王法,不提防遭刑宪,叫声屈动地惊天!顷刻间游魂先赴森罗殿,怎不将天地也生埋怨?

【滚绣球】 有日月朝暮悬,有鬼神掌着生死权。天地也!只合把清浊分辨,可怎生糊突了盗跖、颜渊?为善的受贫穷更命短,造恶的享富贵又寿延。天地也!做得个怕硬欺软,却元来也这般顺水推船!地也,你不分好歹何为地!天也,你错勘贤愚枉做天!哎,只落得两泪涟涟。

1.对下列词语解释有误的一项是 ( )
A."外"是角色名,这里是外末的简称,扮演老年男子。
B."净"是角色名,扮演性格刚烈或粗暴的男性人物,俗称"花脸"。
C."科"是戏曲中角色敲打乐器时的动作,又称为"介"。
D."旦"是角色名,扮演妇女。

2.【滚绣球】是 ( )
A.词牌 B.宫调 C.曲目 D.曲牌

3.解释文中加点的词。
①合 ②怎生 ③糊突 ④错勘

4.下面是对【滚绣球】这支曲子的分析,其中最能确切地反

映作者的表现方法和写作意图的一项是　　　　（　）

A. 运用对偶、对比、借代等修辞手法,主要表现了窦娥在有冤难诉时的悲愤感情及对黑暗统治的愤怒控诉。

B. 运用了对偶、对比、借代等修辞手法,主要表现了窦娥呼天唤地,希望天地为她申冤报仇的心理。

C. 运用了对偶、排比、借喻等修辞手法,主要表现了窦娥在有冤难诉时的悲愤感情和对天地神权的否定。

D. 运用了对偶、对比、借喻等修辞手法,主要表现了窦娥在有冤难诉时的悲痛之情和对不公平的世道的控诉。

(二)阅读下面的课文片断(有删改),完成习题(10分)

周朴园　不许多说话。(回头向大海)鲁大海,你现在没有资格跟我说话——矿上已经把你开除了。

鲁大海　开除了?

周　冲　爸爸,这是不公平的。

周朴园　(向周冲)你少多嘴,出去!

周冲愤然由中门下。

鲁大海　哦,好,好,(切齿)你的手段我早明白,只要你能弄钱,你什么都做得出来。你叫警察杀了矿上许多工人,你还——

周朴园　你胡说!

鲁侍萍　(至大海前)别说了,走吧。

鲁大海　哼,你的来历我都知道,你从前在哈尔滨包修江桥,故意叫江堤出险,——

周朴园　(厉声)下去!

仆人们　(拉大海)走!走!

鲁大海　你故意淹死了二千二百个小工,每一个小工的性命你扣三百块钱! 姓周的,你发的是绝子绝孙的昧心财！你现在还——

周　萍　（冲向大海，打了他两个嘴巴）你这种混帐东西！

大海还手。被仆人们拉住。

周　萍　打他！

鲁大海　（向周萍）你！

仆人一起打大海。大海流了血。

周朴园　（厉声）不要打人！

仆人们住手，仍拉住大海。

鲁大海　（挣扎）放开我，你们这一群强盗！

周　萍　（向仆人们）把他拉下去！

鲁侍萍　（大哭）这真是一群强盗！（走至周萍面前）你是萍……凭——凭什么打我的儿子？

周　萍　你是谁？

鲁侍萍　我是你的——你打的这个人的妈。

鲁大海　妈，别理这东西，小心吃了他们的亏。

鲁侍萍　（呆呆地望着周萍的脸，又哭起来）大海，走吧，我们走吧！

大海为仆人们拥下，侍萍随下。

1.指出下列句中破折号的作用。（每条不超过12个字）

①你现在没有资格跟我说话——矿上已经把你开除了。

②我是你的——你打的这个人的妈。

③你还——

答：①

　　②

　　③

2."你从前……叫江堤出险，——""你故意淹死了……扣三百块钱！"这两句话揭示了周朴园性格特征中的哪些方

面?(不超过18个字)

3.这段文字中周朴园两个"厉声"的戏剧舞台说明的含义是 （ ）
A.表示周朴园感情上的暴怒。
B.提示演员说台词应掌握的腔调。
C.前一个"厉声"是企图制止鲁大海揭发他发家的老底,后一个"厉声"是显示封建家长的权威与向侍萍故作姿态的复杂心情的表露。
D.前后两个"厉声"表明周朴园善于软硬兼施的狡诈。

4.这段文字中"你是萍……凭——凭什么打我的儿子?"一句显示鲁侍萍的心态是 （ ）
A.对周萍切齿痛恨。
B.想说穿真情、教育周萍,又觉得没有必要,于是机智地转换话题。
C.想认儿子,但又想到曾与周朴园约定不认。
D.对周萍恨铁不成钢,又不便明说。

5.周萍与鲁大海其实是亲兄弟,在剧中反目成仇的根本原因是 （ ）
A.两人不了解血缘关系的真相。
B.两人接受的教育不同。
C.周萍能继承周朴园的遗产,鲁大海则不能。
D.两人社会地位与所代表的阶级利益不同。

(三)阅读田汉《关汉卿》节选,完成文后习题(10分)

关汉卿　你还想告诉我什么呢?

叶和甫　我就想告诉你,你不听我的劝告,闯出了多大的乱子! 逆臣王著就因为看过你的戏才起意要杀阿合马老大人的。

关汉卿　（怒）怎见得呢？

叶和甫　许多人听见他在玉仙楼看《窦娥冤》的时候，喊过"为万民除害"，后来他在上都伏法的时候又喊"我王著为万民除害"，而且你的戏里居然还有"把滥官污吏都杀坏"的词儿——

关汉卿　（按捺住怒火）你觉得"滥官污吏"应不应该杀呢？

叶和甫　这——"滥官污吏"当然应该杀。

关汉卿　我们应不应该"为万民除害"呢？

叶和甫　唔，当然应该。可是王著把刺杀阿合马老大人当作"为万民除害"就不对了。

关汉卿　杀阿合马是否为万民除害，天下自有公论。若说王著看了我的戏才起意要杀阿合马，那么高和尚没有看过我的戏，何以也要杀阿合马呢？

叶和甫　这——

关汉卿　我们写戏的离不开褒贬两个字。拿前朝的人说，我们褒岳飞、贬秦桧。看戏的人万一在什么时候激于义愤杀了像秦桧那样的人，能说是写戏的人教唆的吗？

1.解释文中加点的词语。

①伏法　　　　　　　　②教唆

2.画线句的潜台词是什么？（不超过24个字）

3.画线句的后边一句话照应哪一句？运用了什么论证方法？

4.文中有三个破折号,其作用是否一样？为什么？最后一个表现叶和甫的什么？（不超过12个字）

5.从节选的文字看,《关汉卿》的语言在形式上有什么特点？（不超过20个字）

6.从节选的文字看,关汉卿的性格特点是什么？叶和甫是怎样的一个人？（每问答案不超过10个字）

七、应用题(10分)

  学校要举行篮球比赛,请你设计一份海报。

第十单元

一、不定项选择题(1—7题,每题2分;第8题每空1分,共21分)

1. 毕业生的简历始终应该包含课程成绩。 （   ）

   A. 只有当课程成绩非常突出时才列出

   B. 始终应该列出

   C. 不应该列出

   D. 只列出主要课程或与应聘职位相关课程的成绩

2. 在简历中陈述过去经历的最好方式是 （   ）

   A. 用要点方式按照年代递减的顺序陈述,重点叙述与应聘职位相关的工作经历

   B. 用段落方式按照年代递减的顺序叙述

   C. 除非与要应聘的工作有关系,否则不要提及

   D. 用要点方式按照年代递增顺序陈述

3. 你若没有工作经历,为了给对方一个积极而深刻的印象,其他哪些因素可以用来代替工作经历? （   ）

   A. 学术成就

   B. 校园课外活动的成就

   C. 能够转换成任职能力的个人才能

   D. 以上全部

4. 你是个毕业生,而且你希望申请尽可能多的职业机会,以便自己能够尽早开始工作。你很清楚自己需要写一份令人印象深刻的简历。就你自己的意见,什么样的简历才

可以让人目光一扫即留下深刻的印象？　　　　（　　）
A.非常简洁且明确集中的求职目标
B.能够让雇主停下其他事情来给予关注的幽默图片
C.列在开始位置的五句专业水准的内容概述
D.以上全部

5.雇主第一次的简历筛选只需要20秒钟即可完成。为了确保你的简历通过首次筛选,你需要　　　　　　（　　）
A.准确地列出你所具备的和应聘工作相匹配的技能
B.以递减的时间顺序列出你的经历,陈述的内容尽可能匹配应聘工作的要求
C.强调你的学术及个人成就
D.以上全部

6.在我国,古时候的老中医在弟子学徒满师时,要赠送两件礼物:一把雨伞和一个灯笼。请选择正确答案　（　　）
A.送这两件礼物是为了让弟子能够风雨无阻地为患者服务
B.是为了让弟子能够不分昼夜地为患者服务
C.是为弟子的个人生活提供方便
D.是为了让弟子能够经常到师傅家看望

7.对职业生涯规划做出评价,主要有　　　　　（　　）
A.自我评价　　　　　B.他人评价
C.集体评价　　　　　D.老师评价

8.把给出的相关选项代号填在后面题中的括号内
A.专业技能　B.专业知识　C.实践能力　D.横向发展
E.纵向发展　F.敬业　G.诚信　H.身心健康　I.乐观自信　J.加强培养　K.改造　L.重塑　N.职业资格证书

(1)激烈的市场就业环境中,中职生的优势是(　　)。

(2)对中职生的职业生涯发展来说,所学专业的职业群有两类:适合中职生(　　)的职业群和适合中职生(　　)的职业群。

(3)专业素质是从业者在职业活动中,在(　　)、(　　)方面表现出来的状况和水平。

(4)职业道德素质的重点是(　　)、(　　)。

(5)竞争强、压力大,已成为现代职业人面对的主要问题。同等条件下,(　　)、(　　)精力充沛的从业者在竞争中胜出。

(6)在竞争激烈的市场就业环境中,中职生的优势不是学历,而是(　　),证明这一优势的重要凭证是(　　)。

(7)对于已经定向的中职生来说,更应该(　　)对即将从事的职业兴趣。

(8)对于已经专业定向的中职生来说,应该按照即将从事的职业对从业者的性格要求,磨炼自己,(　　)甚至(　　)自己的性格。

二、判断题(对的打"√",错的打"×",14分)

1. 判断他们所做的是否是职业

(1)小王从农村来到城市,通过劳动服务公司介绍,给居民做家政服务的小时工。　　　　　　　　　　(　　)

(2)张老板开了家印刷厂,专印制盗版书,牟取暴利。　(　　)

(3)刘某为一家旅游公司在街头发放、张贴广告。　(　　)

(4)周某刻图章,做办证业务,什么证章都给开。　(　　)

2. 下列说法对吗?

(1)职业就是为了挣钱。　　　　　　　　　　(　　)

(2)职业就是上班。　　　　　　　　　　　　(　　)

(3)小强毕业后,不断跳槽,干过送货、组装、营销策划——平均每项工作都干半年。他也算是有职业。（　　）
(4)一个人犯罪坐牢,出狱后干个体户,蔬菜水果什么都买,他也是有职业的人。（　　）
(5)徐某是家庭妇女,她的职业就是在家里做家务。（　　）
(6)靠倒卖文物发大财,这种职业是文物商贩。（　　）

3.判断下列是否是职业理想
(1)小刘的理想是挣够了钱去周游世界。（　　）
(2)小李从参军入伍那天开始就立志要当将军。（　　）
(3)李某业余爱好摄影,成为一名专业摄影师是他的理想。（　　）
(4)小王在某工地打工,他的理想是通过自学高考,获得大学文凭。（　　）

三、简答题(20分)

1.学历文凭与职业资格证书的区别是什么?

2.职业素质主要包括哪些内容?

3.求职途径有哪些?思考适合自己的求职途径。

4.你认为大学生求职择业应该做好哪些准备?请认真分析一下。

四、阅读材料,完成习题(10分)
周杰伦的职业生涯

(一)职业培育期:周杰伦小时候学习成绩并不尽如人意,但他从小对音乐就有着独特的敏感。高中联考时,周杰伦抱着试试的心理考上了淡江中学音乐班。在高中时代选择读音乐班,是周杰伦的一个很重要的职业规划。在音乐班的氛围里,他的音乐天赋很顺利地从个人兴趣发展成社会技能,而没有被埋没。

(二)职业适应期:由于偏科严重,周杰伦没有考上大学。是先择业还是先就业?周杰伦选择了在一家餐厅做侍应生——先生存,再谋发展。一次,周杰伦偷偷地试了试大堂的钢琴,他的琴声震惊了所有人,于是周杰伦慢慢开始有了公众演奏的机会。如果周杰伦当初坚持寻找自己喜欢的工作——唱歌,那么,没有经济支持,他的音乐之路能坚持多久?毕业后最好的职业选择应该是:找一份自己能做的工作,同时,注意培养找到并做好理想工作的能力,把理想工作作为长期目标来努力。

(三)职业发展期:1997年9月,周杰伦的表妹瞒着他,偷偷给他报名参加了吴宗宪主持的娱乐节目《超猛新人王》,周杰伦的演出惨不忍睹。但吴宗宪惊奇地发现这个头也不敢抬的人谱着一曲非常复杂的谱子,而且抄写得工工整整!他意识到这是一个对音乐很认真的人,于是请周杰伦任唱片公司的音乐制作助理。

周杰伦创作的曲风奇怪,没有一个歌手接受。吴宗宪有意给他一些打击,当面告诉他写的歌曲很烂,并把乐谱揉成一团。然而,吴宗宪每天仍能惊奇地看到周杰伦把工整认真的新谱子放在桌上。他被这个认真踏实、沉默木讷的年轻人打动了,于是就有了周杰伦一举成名的专辑《JAY》。

1.酷爱音乐的周杰伦首先选择了在一家餐厅做侍应生,然后寻求发展机会的做法给我们的启示是 ( )
A.在从"学校人"到"职业人"的职业生涯转变中,首先要做的是适应、融入社会。
B.首次就业期望值不宜过高,先就业,再择业。
C.即便实际就业岗位与规划有差距,也要脚踏实地工作。
D.再择业是提高就业质量、落实职业生涯规划的好机会。

2.假设周杰伦到吴宗宪的唱片公司应聘因没被录取而企图自杀,后经抢救脱离危险。不久公司向他道歉,原来他是应聘者中成绩最好的,只因为工作人员失误把成绩搞错了。此时的他自认为肯定会被这家公司录用。可没想到的是,又传来更新的消息,企业还是不准备录用他。原因是 ( )
A.企业看重的是应聘者的专业技能。
B.企业并不以应聘者的面试或者笔试成绩为准。
C.企业重视应聘者的工作经验。
D.企业重视应聘者的综合素质。

3.假设周杰伦从音乐班毕业后到某公司应聘,他在面试时的错误做法是 ( )
A.就座时抬头挺胸,目视前方。
B.进门后主动和考官热情握手。

C. 不管面试是否顺利,结束时都答谢。

D. 等考官示意坐下时再坐到座位上,否则不坐。

4. 周杰伦做事执着认真,连曲谱都抄得工工整整,从而引起了吴宗宪的注意并得以进入唱片公司。从职业的角度看,"播种习惯,收获性格;播种性格,收获命运"这句谚语说明 (　　)

A. 习惯和性格会影响人生。

B. 职业性格影响职业的成败。

C. 人的命运完全取决于性格好坏。

D. 个人习惯会对职业生涯有很大影响。

5. 每个人都希望自己的职业生涯很成功,下面属于职业生涯特点的是 (　　)

A. 发展性,每个人的职业生涯都在不断发展变化。

B. 阶段性,人的职业生涯分为不同阶段。

C. 独特性,每个人的职业生涯都有不同的地方。

D. 终生性,职业生涯会影响人的一生。

五、材料分析题(20分)

播种行为,收获习惯;播种习惯,收获性格;播种性格,收获命运。

(1)你如何理解这句话?

(2)你在日常学习和生活中已经养成的好习惯有哪些?你还有哪些不好的习惯是需要在今后的日常学习和生活中努力改正的?(每种情况列出3条以上)

六、**实践题**(15分)

按照自己的实际情况填写下面的表格。

个 人 简 历

个人信息						
姓名		性别		出生年月		照片
民族		政治面貌		身高		
籍贯		学历		联系电话		
专业		毕业学校				
工作经历						
教育背景						
工作能力及特长						
个人评价						

第十一单元

一、给下列画线的字注音(5分)

1. 浅尝<u>辄</u>止(　　)
2. <u>淙淙</u>(　　)(　　)
3. 客<u>殇</u>成都(　　)
4. <u>凛</u>然(　　)
5. 惊<u>悸</u>(　　)
6. <u>踟躇</u>不前(　　)
7. 崎<u>岖</u>(　　)(　　)
8. <u>杳</u>无踪迹(　　)
9. <u>麂</u>皮(　　)
10. <u>黯</u>淡(　　)

二、改正错别字(10分)

1. 冰砌石(　　)
2. 泪下如梗(　　)
3. 心无旁鹜(　　)
4. 人声顶沸(　　)
5. 浅尝辙止(　　)
6. 墓志名(　　)
7. 悬梁刺股(　　)
8. 彪柄史册(　　)
9. 不持于技(　　)
10. 熙熙嚷嚷(　　)

三、判断题(对的打"√",错的打"×",10分)

1. 调查报告是公务文书的一种,有较高的情报价值和一定的新闻性,并具有一定的行政效力。(　　)

2. 在赛场辩论前,应该认真研究辩题,确立正确的观点。因为最终胜负的评判,不是取决于整个论辩的过程,而是取决于某一方观点如何合理、客观、有说服力。(　　)

3. 《寻找时传祥》,实际上寻找的是已故劳模时传祥的精神,寻找的是勤劳朴实、真诚待人的思想品德和爱岗敬业、吃苦耐劳的奉献精神。(　　)

4. 作为一篇悼念性的文章,《哭小弟》的作者把小弟的感人

事迹和病逝经过,以时间先后为顺序逐层展开,使文章条理清晰、层次分明。（   ）

5. 西南联大即国立西南联合大学。1937年抗日战争爆发,北京大学、清华大学、南开大学先迁至湖南长沙,组成长沙临时大学,1938年4月又西迁昆明,改称国立西南联合大学,其是中国当时规模最大的高等学府。（   ）

6. 普鲁斯特是英国20世纪小说家、意识流小说大师,有代表作《追忆似水年华》。（   ）

7. 《珠穆朗玛墓地》的作者将叙述、描写、议论、抒情等表达方式熔于一炉,充分表达了对虽败犹荣的登山勇士们的崇敬之情。（   ）

8. 千百年来,漂亮就是一个女人的最高荣誉、最大资本,而居里夫人恰好是那一类很漂亮的女子,她的肖像如今挂遍世界各国的科研教学机构。因此,作者认为居里夫人的美丽,跨越了百年,至今依然熠熠生辉。（   ）

9. 三十六年前,一个人与另一个人握了一次手。这一个人是个北京淘粪工人,叫时传祥;另一个人是共和国的主席,叫毛泽东。（   ）

10. 调查报告的标题常见的有单标题和双标题两种形式。（   ）

四、填空题(10分)

1. "淡蓝色的荧光"是居里夫人用____年零____个月的时间提炼出来的_____发出的。这项成就的取得,是以居里夫人终日_____、身体的_____为代价获得的,是用"_____的"。

2. 写好调查报告的三个环节是_____、_____和_____。根据内容的不同,调查报告可以分为

_____、_____和_____三种。

3.辩论,也称____,是说话的双方对同一问题持有相互排斥、互不相容的观点,为了证明己方观点的正确、反驳对方的观点而进行的双向语言活动。辩论的基本要求有_____、_____、_____、_____、_____和_____。

4.《哭小弟》的作者____,原名_____,著名哲学家_____之女,是擅长写散文、小说的女作家。

五、选择题(20分)

1.《哭小弟》一文中,作者将文章的主题升华到 ( )
A. 小弟之死重于泰山
B. 回首悠悠无恨事,丹心一片向将来
C. 安得千万"小弟"不早逝
D. 哭小弟的"胃下垂","肾游走"

2.《哭小弟》文中下列对小弟形象的刻画,属于侧面描写的是 ( )
A. 在剧痛中还"想再看看"航空资料
B. 同事的信中说小弟在病痛中工作到深夜
C. 从小坚持在冬天用冷水洗脸
D. 滴水不进时忽然说想吃对虾

3.根据课文内容,在横线上依次填写的词语正确的一项是 ( )
她本来是住在姐姐家中,为了求得安静,便一人租了间小阁楼,一天只吃一顿饭,日夜苦读。晚上冷得睡不着,就拉把椅子压在身上,以取得一点感觉上的温暖。这种_____、_____、_____的进取精神,就是一般男子也是很难做到的啊。

A. 心无旁骛　卧薪尝胆　悬梁刺股
B. 心无旁骛　悬梁刺股　卧薪尝胆
C. 卧薪尝胆　心无旁骛　悬梁刺股
D. 卧薪尝胆　悬梁刺股　心无旁骛

4. 下列句子排列顺序恰当的一项是　　　　　　（　　）

①没能见到亲人捧上的鲜花,冒着泡沫的香槟。
②登上顶峰的同伴队友成了举世瞩目的英雄,他们却默默僵卧在冰雪里,被人遗忘了。
③他们进山就再没回来。
④靠着电视荧屏和报刊版面才对登山运动略知一二的人们,有谁知道珠峰脚下,还有这么一片孤零零的坟茔?
⑤还有比这更悲凉的故事吗?

A. ③①⑤④②　　　　B. ④③①②⑤
C. ⑤②③①④　　　　D. ⑤④③②①

5. 下列语段不属于《跨越百年的美丽》的是　　（　　）

A. 女人并无社会等级,也无种族差异;她们的姿色、风度和妩媚就是她们身世和门庭的标志。
B. 在所有的世界著名人物当中,玛丽·居里是惟一没有被盛名宠坏的人。
C. 盖将自其变者而观之,则天地曾不能以一瞬;自其不变者而观之,则物与我皆无尽也。
D. 勇敢,是勇敢者的墓志铭。

6. 下列词语中书写有错的一项是　　　　　　　（　　）

A. 妩媚　沧桑　黯淡　格物致知
B. 污蔑　凋谢　崎岖　穷山僻壤
C. 矗立　耸峙　惊悸　卧薪尝胆
D. 骨髓　揣磨　辉煌　卓有成效

7.下列词语中画线的字解释错误的一项是 （ ）

A.<u>格</u>物<u>致</u>知:穷究事物原理,从而获得知识。格:推究;致:求得。

B.泪下如<u>绠</u>:泪水下流,多而不断。绠:汲水用的绳索。

C.<u>客殇</u>成都:客死在成都。殇:因伤重而死。

D.<u>顾</u>影自<u>怜</u>:回头看看自己的影子,怜惜起自己来。形容孤独失意的样子,也指自我欣赏。顾:看;怜:怜惜。

8.下列各句标点使用有误的一项是 （ ）

A.有的人止于形,以售其貌。有的人止于勇,而逞其力;有的人止于心,只用其技。有的人达于理,而用其智。

B."时传祥?!"惊讶中便有些激动,接着,就像是述说自己的光荣一样,"知道吗?那时咱北京也有一样'热',那叫'义务淘粪热'!"

C.刘少奇从自己口袋里摘下一支"英雄"铂金笔,送给时传祥,"你当清洁工人是人民的勤务员,我当主席也是人民的勤务员……"

D.他讲着讲着,忽然停下来:"对不起,我这里有个小动物。"他把右手伸进后脖颈,捉出了一个跳蚤,捏在手指里看看,甚为得意。

9.对下列各句修辞手法依次判断正确的一项是 （ ）

①是好党员,是好干部,壮志未酬,洒泪岂只为家痛;能娴科技,能娴艺文,全才罕遇,招魂也难再归来!

②昙花一现般布满石滩的尼龙帐篷,已经杳无踪影,只留下堆堆锈蚀的罐头盒。

③靠着电视荧屏和报刊版面才对登山运动略知一二的人们,有谁知道珠峰脚下,还有这么一片孤零零的坟茔?

④大音希声,大道无形,大智之人,不耽于形,不逐于力,不

恃于技。

A. 对偶　比喻　反问　排比

B. 排比　比拟　设问　对偶

C. 对偶　比拟　设问　排比

D. 排比　比拟　反问　夸张

10. 下列句子没有语病的一项是　　　　（　　）

A. 锦州市工商银行系统推行文明服务用语,戒绝服务忌语,受到了客户好评。

B. 舞厅里不许喝含酒精的饮料和含酒精百分之二十以上的酒。

C. 马来西亚大学的辩风朴实无华,很少有高深的词句,但句句实在,咄咄逼人。

D. 全场经典场面层出不穷,赏心悦目。

六、语段释义(8分)

1. 他们几经雪欺霜冻,好不容易奋斗着张开几朵花瓣,尚未盛开,就骤然凋谢。

2. 我懂了,这就是喜马拉雅登山运动。我为自己最初的怜悯之情深感羞惭。

七、简答题(12分)

1."这点美丽的淡蓝色的荧光,融入了一个女子美丽的生命和不屈的信念。"谈谈你对这句话的理解。

2.阅读《哭小弟》中的一段文字,回答问题。

　　小弟白面长身,美丰仪;喜文艺,娴诗词;且工书法篆刻。父亲在挽联中说他是"全才罕遇",实非夸张。如果他有三次生命,他的多方面的才能和精力也是用不完的;可就这一辈子,也没有得以充分地发挥和施展。他病危弥留的时间很长,他那颗丹心,那颗让祖国飞起来的丹心,顽强地跳动,不肯停息。他不甘心!

　　这样壮志未酬的人,不只他一个呵!

(1)举例说明文中的正面描写与侧面描写。

(2)这段文字的写作特点是什么?

(3)联系全文,"这样壮志未酬的人,不只他一个呵"一句有何深意?

八、写作题(25分)

人们常说"往事如烟",似乎随着时光的流逝,许多曾经的事或者人也就湮没在记忆的尘芥堆里了。可事实并非如此。在我们成长的过程中有多少值得永志不忘的往事啊:或欣喜,或难过,或开怀,或郁闷,或感动,或齿冷……这镌刻在我们的脑海深处的一切的一切,或许正是我们最为珍贵的一笔财富。

请以"往事非烟"为题,撷取你记忆深处最为难忘的几个片段,写一篇500字左右的文章。

第十二单元

一、给下列画线的字注音(5分)

1. 踌躇( )( ) 2. 渣滓( )( )
3. 颓废( ) 4. 心坎( ) 5. 鬓毛( )
6. 震颤( ) 7. 温馨( ) 8. 扶掖( )
9. 睿智( ) 10. 喧嚣( )

二、改正错别字(10分)

1. 廖然无累( ) 2. 枯躁无味( )
3. 燥动不安( ) 4. 敦敦告诫( )
5. 垂珙而治( ) 6. 涕潢横流( )
7. 赡前顾后( ) 8. 奕奕夺目( )
9. 湍湍不安( ) 10. 方枘园凿( )

三、判断题(对的打"√",错的打"×",10分)

1. 每个人最基本、最原始的资源有两种,一种是时间,另一种是金钱。( )

2. 一个人一旦与读书结缘,就注定了会做一个与崇高追求和高尚情趣相联系的人。( )

3. 写好求职信和应聘信,要详细说明联系地址、通讯方式,便于对方答复。( )

4. 注重仪表是应聘面试的重要环节。着装要合身、整洁、端庄、得体,要符合学生身份,符合季节变换。不能刻意"求美"、"求酷",给人华而不实的感觉。( )

5. 集体面试时为了给考官留下深刻的印象,要充分展示自

己的才艺,同时要尽量避免与同组其他成员交换意见、沟通交流。（　　）

6.成功地进行个人投资,首先要对原始资源的分配做好基本投资决策。（　　）

7.人们之所以忽视幸福的存在而习惯于惴惴不安地过日子,原因之一就是人们多半认为灾祸需要躲避而幸福不会自己逃走。（　　）

8.现实的生命历程不可能是一帆风顺的,有阳光明媚的日子,也有淫雨霏霏的时候。坏日子既然不可避免,那就让我们选择热爱生命中的好日子。《热爱生命》的作者表现出了一种积极进取的情怀,而不是随遇而安的态度。（　　）

9.蒙田是欧洲文艺复兴时期法国思想家、散文家,著有《随笔集》。（　　）

10.《傅雷家书》是傅雷先生写给儿子傅聪、傅敏的家信摘编,自1985年出版以来,该书已发行一百多万册,成为现代中国影响最大的家训。（　　）

四、填空题(10分)

1.＿＿＿＿＿是＿＿＿＿＿长篇小说《约翰•克利斯朵夫》中的主人公,他一生以音乐为伴,在现实生活中四处碰壁,始终是一名孤独的反抗者。

2.蒙田是欧洲＿＿＿＿＿时期法国思想家、散文家,《＿＿＿＿＿》与《＿＿＿＿＿》、《＿＿＿＿＿》一起,被人们誉为欧洲近代哲理散文三大经典。

3.《个人投资首先是时间的投入》一文,运用了＿＿＿＿＿、＿＿＿＿＿、打比方等多种说明方法,从内因方面说明把握时间的＿＿＿＿＿;再用做期货打比方,从外因方面强调时间把握的＿＿＿＿＿。明白了"个人投资首先是时间的投入"这一事理,也就明白了要珍惜时间、_____的主题。

4.人们从《____》中学得智慧的思考,从《____》中学得严肃的历史精神,从《____》学得人格的刚烈,从____学得入世的激情,从____学得批判的精神,从____学得道德的执着。____的诗句刻写出睿智的人生,____的诗句呼唤着奋斗的热情。一个读书人,是一个有机会拥有超乎个人生命体验的幸运人。

五、选择题(20分)

1.选出下列词语中没有错别字的一项　　　　　(　　)
A.刻骨铭心　往哲先贤　险象叠生　昙花一现
B.引经据典　稍纵即逝　天翻地覆　相形见绌
C.英雄气慨　滔滔不竭　重蹈覆辙　枕戈待旦
D.气吞斗牛　趋避凡俗　眼花缭乱　怨天忧人

2.下列不属于《短文二篇》课文内容的一项是　(　　)
A.过一种平衡的生活——学一些东西,想一些东西,逗逗乐,画画画儿,唱唱歌儿,跳跳舞,玩玩游戏,外加每天干点儿活。
B.当你们出门,到世界上去走走,要注意来往车辆,手拉手,紧挨一起。
C.惹了别人你就说声对不起。
D.我们要和朋友们跳舞唱歌,渲染喜悦。

3.下列句子排列顺序恰当的一项是　　　　　　(　　)
①我们从小就习惯了在提醒中过日子。
②天气刚有一丝风吹草动,妈妈就说,别忘了多穿衣服。
③才相识了一个朋友,爸爸就说,小心他是个骗子。
④你取得了一点成功,还没容得乐出声来,所有关切着你

的人一起说,别骄傲!

⑤你沉浸在欢快中的时候,自己不停地对自己说:千万不可太高兴,苦难也许马上就要降临……

A. ②③⑤④① B. ①②③④⑤
C. ④②③①⑤ D. ①④⑤②③

4. 下列各句标点使用有误的一项是 ( )

A. 河,莱茵,江声浩荡……钟声复起,天已黎明……中国正到了"复旦"的黎明时期,但愿你做中国的——新中国的——钟声,响遍世界,响遍每个人的心!

B. 唯其如此,才需要我们日以继夜,终生的追求、苦练;要不然大家做了羲皇上人,垂手而天下治,做人也太腻了!

C. 提醒注意跌倒……提醒注意路滑……提醒不要受骗……提醒荣辱不惊……先哲们提醒了我们一万零一次,却不提醒我们幸福。

D. 所以,我说:读书人是幸福人。

5. 下列词语中解释错误的一项是 ( )

A. 睿智:英明有远见。睿,看得深远。

B. 扶掖:扶持,提携。

C. 枘凿:方榫头,圆卯眼,两下合不起来,形容两不相容,格格不入。

D. 怅然:生气的样子。

6. 下列各句修辞手法不是比喻的一项是 ( )

A. 提醒会走出来对你说:注意风暴。

B. 风暴却像迟归的羊群,不知在哪里徘徊。

C. 看得见的恐惧和看不见的恐惧始终像乌鸦盘旋在头顶。

D. 幸福是一种心灵的震颤。它像会倾听音乐的耳朵一样,需要不断地训练。

7.依次填入下面横线处的词语,最恰当的一项是（　　）
把全面发展和个性发展紧密结合起来,不仅为青年学子成长提供了价值准绳,也为高校教书育人提供了工作方法。百年清华____并参与了中国高等教育探索发展的历史,这里蓬勃昂扬的青春理想、严谨勤奋的治学氛围,____了许许多多全面发展、个性鲜明的栋梁之才。____高等教育始终让青年学子全面发展并保持个性,我国的人才培养水平____一定会大幅度提高。

A.见证　　铸就　　只有　　才
B.印证　　造就　　只要　　就
C.印证　　铸就　　只有　　才
D.见证　　造就　　只要　　就

8.依次填入下列横线上的词语,最恰当的一项是（　　）
①天气预报说要下雪,_____就下雪了。
②我真没想到他_____会做出这种事情来。
③这样宏伟的建筑,_____只用十个月的时间就完成了。
④你_____爱他,你就应该帮助他。

A.果然　居然　竟然　既然
B.居然　果然　竟然　果然
C.果然　居然　竟然　竟然
D.果然　竟然　居然　居然

9.下列各句没有语病的一项是（　　）

A.世界是一个永远不停地运动、变化和转化的过程。
B.我们的棉花生产长期不能自给。
C.他把这门功课又复习了一遍。
D.他利用开当铺进行残酷的剥削人民。

10.应聘过程中,面试尽管避免了许多笔试中可能存在的

弊端,但仍不能有效避免的是 （　　）
A. 冒名顶替　　　B. 人情因素
C. 高分低能　　　D. 抄袭作弊

六、语段释义(9分)

1. 我们的生命受到自然的厚赐,它是优越无比的。

2. 人一辈子都在高潮—低潮中浮沉,唯有庸碌的人,生活才如死水一般;或者要有极高的修养,方能廓然无累,真正地解脱。

3. 世界上最高的、最纯洁的欢乐,莫过于欣赏艺术。

七、简答题(10分)

1.蒙田的随笔《热爱生命》主题便是"热爱生命",但作者一开篇却谈到如何"度日",作者这样写有何用意呢?他认为生命的本质是什么?

2.富尔格姆提到的这些信条,也是我们在幼儿园甚至更小的时候就已经知晓的了。从中选择一条或几条你感受最深的,谈谈你的体会,再照样子写下几条你自己的信条来。

八、写作题(26分)

听说你有了一位还谈得来的"女朋友"了。十八岁正是做彩色梦的年龄。我完全了解十八岁男孩对初恋的憧憬。可是,我也知道十八岁的年龄,对于爱情,会有非常简单的定义。想起感情的生活,我有难以说明的歉疚、忏悔和创伤,因此,我要劝你珍惜爱情。不要把感情上的冲动和爱情附会在一起;不要让这样的冲动,成了爱情的负债。

多姿多彩的爱情生活是罗曼蒂克的,但我宁愿你在爱河中只饮一勺。因为真正令人心灵颤动的爱,不能求之于泛滥的感情中。古今中外许多爱情故事的可歌可泣,便由于有真的倾心和忠贞。东东,记住:在我们的社会里,女孩子依然是较弱较易受伤害的一方(屠格涅夫笔下的罗亭感慨地说,女孩子的心都像黄金)。在感情生活上最痛苦的莫过于因为自己的轻浮,而负上内心不愿承受的责任;或者,因自己的薄幸,而终身受到良心的谴责!

一个能爱而又能被爱的人是幸福的,曾经爱而又被爱的人生是美好的。但是,即使爱而失落也酿成醇香的回忆。所以,假如你不幸在爱情的天地里折了翅膀,不妨哭,但不要庸俗!

——节选自杨子《十八岁及其他》

婚姻是人生中重要的一次投资(洛克菲勒语),本文就是一位父亲在儿子十八岁生日时,用自己深刻而具体的人生感受,围绕着十八岁所关涉的人生话题,敞开心扉,写下的人生感言。一连串"不能"、"不幸"、"不妨"、"不要"所凝结的爱情理念,警醒世人,饱含人生哲理。读一读,谈谈你的感受,题目自拟,不少于600字。